CÂNCER

UMA MONTANHA-RUSSA ASSUSTADORA

WAYNE TEFS

CÂNCER

UMA MONTANHA-RUSSA ASSUSTADORA

REINVENTANDO A MIM MESMO
APÓS O DIAGNÓSTICO

Dados Internacionais de Catalogação na Publicação (CIP)
(Câmara Brasileira do Livro, SP, Brasil)

Tefs, Wayne
  Câncer : uma montanha-russa assustadora : reinventando a mim
mesmo após o diagnóstico / Wayne Tefs ; [tradução Théo Amon]. -- São
Paulo : Paulinas, 2016.

  Título original: Rollercoaster : a cancer journey.
  ISBN 978-85-356-4221-6

  1. Câncer - Pacientes - Canadá - Biografia 2. Tefs, Wayne, 1947
I. Título. II. Série.

16-07422   CDD-616.9940092

Índice para catálogo sistemático:
1. Câncer : Pacientes : Biografia   616.9940092

Título original da obra: *Rollercoaster: A Cancer Journey*
© Wayne Tefs, 2002.

1ª edição – 2016

Direção-geral: *Bernadete Boff*
Editora responsável: *Andréia Schweitzer*
Tradução: *Théo Amon*
Copidesque: *Ana Cecilia Mari*
Coordenação de revisão: *Marina Mendonça*
Revisão: *Sandra Sinzato*
Gerente de produção: *Felício Calegaro Neto*
Projeto gráfico: *Manuel Rebelato Miramontes*

*Nenhuma parte desta obra poderá ser reproduzida ou transmitida
por qualquer forma e/ou quaisquer meios (eletrônico ou mecânico,
incluindo fotocópia e gravação) ou arquivada em qualquer sistema ou
banco de dados sem permissão escrita da Editora. Direitos reservados.*

Paulinas
Rua Dona Inácia Uchoa, 62
04110-020 – São Paulo – SP (Brasil)
Tel.: (11) 2125-3500
http://www.paulinas.org.br – editora@paulinas.com.br
Telemarketing e SAC: 0800-7010081
© Pia Sociedade Filhas de São Paulo – São Paulo, 2016

Para Marty, Edmond, Ken e Ralph,
que me ajudaram na jornada do câncer;
e para Kristen e Andrew,
que cuidam de mim todos os dias.

(

*Doença é uma das coisas
às quais o homem deve resistir
por princípio desde o início.*
Edward Bulwer-Lytton

1

Sumário

Agradecimentos 11

Prólogo 13

Arroz ao vapor, palitinhos de frango e brócolis 21

Cachorros-quentes, salgadinhos e biscoitos, refrigerantes 32

Curativos e abaixadores de língua 50

Leucemia, sarcoma, câncer de fígado 66

Cartilagem de tubarão e Essiac 76

Octreotida e corações de porco 98

Cames, alternadores, ventoinhas 112

Sala de espera 124

Sopa quente e azeda, camarão empanado, futebol 137

Isopor e mexedores de plástico 154

Chama vacilante 176

Esteiras 196

Garfo caído, sopa sorvida 209

Mortadela, queijo, vinho 223

Montanha-russa...233

Perfume de pinheiros...242

Epílogo 256

Dizendo a palavra que começa com C....................260

Agradecimentos

Várias fotografias que ilustram o texto foram conseguidas em diferentes fontes. Gostaria de agradecer à NCSG pela foto na página 103. Gostaria de agradecer à equipe da Turnstone Press por seu apoio e estímulo na publicação deste livro, especialmente a Pat Sanders, editora cuidadosa; a Jeri Kostyra, do Cancer Care Manitoba, pelos livros e fatos; ao Doutor Eugene Woltering, da Louisiana State University, que gentilmente me enviou materiais úteis sobre estudos relacionados a carcinoides; a Monica Warner, por suas úteis observações sobre dieta; a Jeff Solylo, pela foto da página 93; à *Rays of Hope*, onde o capítulo "Homem radioativo" apareceu pela primeira fez, de uma forma diferente; ao Doutor Reg Friesen, um velho camarada que me escutava; a Tristan e Lisa, por sua atenção e hospitalidade contínuas; a Willow Island Gang, por sua torcida; a meus ex-alunos que hoje são médicos, encorajando-me a acreditar que eu não estava sozinho; e a todas as enfermeiras, os médicos, farmacêuticos e profissionais de hospital que me apoiaram ao longo do caminho.

Prólogo

*Aprendi a nunca subestimar a capacidade
da mente e do corpo humanos de se regenerar
— mesmo quando as perspectivas
parecem ser as mais miseráveis possíveis.*

Norman Cousins

Comecei a escrever este livro como uma forma de terapia. Após vários anos vivendo com câncer — às vezes, não com tanto sucesso quanto minha mulher ou eu gostaríamos —, pareceu-me que pôr no papel algumas das minhas reações e pensamentos sobre esta experiência poderia ter um efeito positivo sobre a forma como estava lidando com a doença. Em outras palavras, quando peguei caneta e papel, eu esperava entender um pouco melhor o que tinha acontecido comigo ao longo dos anos de raiva, exames, consultas, ansiedades, terapias, tratamentos, explosões emocionais e períodos de abatimento que se seguiram ao diagnóstico. Achei que esse entendimento poderia, talvez, levar a métodos mais eficientes de como lidar com o câncer, a uma vida diária mais equilibrada, a relações mais positivas com minha família e até a uma condição melhor de saúde (sou um otimista).

O que acontece conosco após o diagnóstico é parecido com uma viagem. Você certamente se lembra da observação de Marcel Proust de que as verdadeiras viagens de descobrimento não são tanto as que nos levam a novos lugares mas aquelas que nos fazem vê-los com novos olhos. A jornada do câncer pode ser comparada a uma viagem em que partimos para descobrir coisas no mundo exterior, mas no fim reconhecemos que descobertas no mínimo tão significativas quanto elas estão se dando dentro de nossa mente, espírito e coração. Seguir nessa jornada nos leva a lugares em nosso coração que de outro modo talvez nunca explorássemos, mas também nos revela partes de nós que, sem isso, poderiam permanecer ocultas. Apesar de não adentrarmos voluntariamente na jornada do câncer, ela também envolve viajar para a zona da imaginação, onde nos confrontamos com coisas desconhecidas dentro de nós e, então, realizamos proezas imaginativas – entre outros tipos de ações – que levam a nos redefinirmos. Em resumo, nós empreendemos uma jornada paralela, mesclando ações físicas, questionamentos metafísicos e jornada espiritual.

Dei a este livro o subtítulo "reinventando a mim mesmo após o diagnóstico". Essa frase me lembra que temos duas reações imediatas quando ficamos sabendo que estamos com câncer. A primeira é pensar: "Ah, meu Deus, câncer... eu vou morrer!". Esse é o pensamento inicial diante do choque, acompanhado por ataques de ansiedade. Todos que são diagnosticados vivem esse terror simples e direto. Logo em seguida, vem uma segunda reação, mais complicada, mas tão intensa quanto: nós começamos a nos mexer, telefonando para amigos e parentes, e no fim para os nossos médicos. Precisamos dar vazão à nossa ansiedade; precisamos de consolo; precisamos de compaixão. Compreensivelmente, queremos saber a extensão da nossa doença e as melhores e mais rápidas maneiras de curá-la. O que funcionou com os outros – cirurgia, lecitina, um centro de referência no tratamento? Durante esse período de busca de respostas, nossas reações chegam às raias do desespero: não dormimos bem e temos dificuldade em focar nas tarefas cotidianas; também pensamos em algumas coisas – o que também é compreensível – que me parecem bastante equivocadas, coisas que, tomadas em conjunto, chamo de "reação de dor de dente ao câncer".

Vou explicar. Quando temos um dente infeccionado, vamos ao dentista. Ele examina nossa boca, faz uma radiografia, estuda-a e, então, nos explica o que precisa ser feito para eliminar a dor. Por estamos sofrendo, pensamos logo: *tira essa porcaria daí!* O dentista utiliza uma ou outra técnica de anestesiar a boca e faz a extração. É preciso aguentar certa dor temporária, e mais um pouco à medida que a anestesia perde o efeito. Porém, depois de horas, de alguns dias no máximo, a dor – e sua causa – vai embora. Ficamos aliviados: o problema foi eliminado. Uhu!

Nós assumimos essa atitude com relação a outras aflições que temos de aguentar: crises intestinais, picadas de abelha, espinhos, e assim por diante. Há dor – tire ela e deixe-me seguir adiante. Assim, quando somos diagnosticados com câncer, gostaríamos de acreditar que um processo semelhante acontecerá. Isto é, que os médicos poderão localizar exatamente a área do desconforto, remover cirurgicamente o tecido ofensor e nos permitir, rapidamente, retomar nossa vida como a estávamos vivendo antes do diagnóstico. Sem muita perda de tempo.

Mas doenças sérias, e com certeza um câncer terminal, não funcionam do mesmo jeito que um dente cariado. Doença, moléstia ou enfermidade, é sinal de que todo o nosso organismo, nosso corpo, está funcionando mal. Não uma pecinha substituível, como um dente, mas todo o organismo. E, para solucionar esse mau funcionamento de um modo condigno, temos que decifrar o que vem acontecendo dentro de nosso organismo como um todo, dentro de nosso ser como um todo. Para

CÂNCER: UMA MONTANHA-RUSSA ASSUSTADORA

qualquer pessoa diagnosticada com uma doença séria, compreender o que está em jogo é difícil: não conseguimos admitir que as coisas tomaram a direção errada, que nossa vida saiu dos trilhos. Queremos acreditar que vivíamos de forma razoavelmente sensata. Se você perguntar à maioria das pessoas recentemente diagnosticadas com uma doença séria sobre como estavam antes do diagnóstico, elas provavelmente dirão *tudo bem*. O diagnóstico não é fácil para ninguém. Assim, para alguns que se tornam pacientes, lidar com tal diagnóstico de maneira sensata pode ser ainda mais complicado, porque, no fim, isso significa refletir sobre quem somos, como ficamos desse jeito e o que precisamos fazer para mudar nossa triste situação. Significa autorreflexão: examinar comportamentos, rotinas e atitudes enraizados; significa se dispor a mudar o modo como vivemos; significa nos reinventarmos – ou reinventar nosso *self*.

Isso pode ser dito de outra forma. Quando alguém é diagnosticado com diabetes, a vida que ele vivia até aquele ponto deve mudar. A diabetes não pode ser eliminada com uma simples intervenção cirúrgica. Na diabetes, como na maioria das doenças sérias, alguma coisa deu errado com a pessoa inteira: ela está sofrendo um mal que envolve todo seu organismo. A pessoa não tem só diabetes: ela, por assim dizer, se tornou diabetes (costuma-se dizer: *é* diabético, reconhecendo nesse pequeno verbo o estado real do indivíduo). E, a fim de lidar com a doença, a pessoa deve alterar hábitos alimentares, mudar padrões de comportamento, monitorar as reações diárias do organismo a estímulos, controlar o consumo de insulina, consultar-se com médicos, e assim por diante. Para combater a enfermidade, estilos alternativos de vida devem ser buscados: dormir ou descansar mais, praticar exercícios, reservar tempo para lazer e recreação, meditar, coisas assim. Em resumo, para lidar eficientemente com a diabetes, a pessoa diagnosticada com a enfermidade precisa reinventar a si mesma.

A maioria de nós não quer realmente fazer isso. Não é só uma questão de tomar uns comprimidos. Também não é a simples reposição de uma peça defeituosa, como acontece quando a geladeira pifa. Aquilo que deu errado exige cuidado, e *cuidado* invoca questões fundamentais sobre como vemos a nós mesmos e como avaliamos o sistema de saúde: por exemplo, consideramos equivalentes intervenções biomédicas, como drogas e cirurgias, e recuperação – ou cremos que, se morrermos em paz com uma doença terminal, fomos curados? Esta é outra maneira de dizer que a cura verdadeira envolve mais que carne e sangue e órgãos danificados.

Há algum tempo, um amigo meu sofreu um sério ataque interno a um de seus principais órgãos. Ele ficou hospitalizado por alguns dias. Quando pôde receber visitas, fui até lá. Ele parecia abatido, cansado e totalmente acabado por seu tormento. Tivera um grave problema, poderia ter morrido. Nós conversamos. Ele me disse que há vários meses vinha sentindo a dor que provocara o ataque. Ele trabalhava duro. Viajava muito. Estava sob muito estresse. Bebia. Em uma visita subsequente, quando ele começou a recuperar as forças, falei com ele sobre sua experiência traumática. "Foi horrível", disse ele. "Você já passou por coisa parecida", acrescentou. "Qual a coisa mais importante a se fazer agora?" Eu suspeitava que, como a maioria das pessoas, ele procurava uma resposta simples, como *pare de comer fritura*. Por isso, desenvolvi certa relutância em responder a esse tipo de pergunta, mas ele era um amigo de longa data, então lhe fiz o que achava ser a pergunta mais importante para se refletir: "Você acha que esta experiência fará com que você mude seu jeito de viver?". Eu estava pensando em coisas como aliviar a pesada carga de trabalho ou não viajar tanto. Desacelerar sua vida frenética. Assim, estava pensando que ele se deparava com uma reavaliação de certos comportamentos; mas era mais profundo que isso: ele estava se deparando também com uma mudança no modo como percebia a si mesmo. Ele me olhou de maneira indagadora. "É muito cedo para saber", respondeu. Vários dias depois, ele recebeu alta do hospital. Em semanas, estava de volta ao trabalho, viajando frequentemente de avião, trabalhando por longos turnos, como antes – apesar de ter alterado um pouco sua dieta. No geral, porém, continua a viver como vivia antes da sua experiência traumática, forçando seus limites, estressando-se.

Experiências traumáticas, eu acho, são mensagens, gritos de socorro do nosso corpo. O conteúdo da mensagem que nossos corpos estão tentando nos passar é: MUDE! Acho que não podemos continuar vivendo como antes, após um episódio traumático desses. Talvez eu esteja errado. Mas não somos máquinas. Se estamos doentes, não podemos simplesmente mandar tirar uma peça ou parte do nosso corpo e, então, continuar como éramos antes: cuidar do corpo não é a mesma coisa que consertar a geladeira. Nosso organismo, em seu sentido mais amplo, está pedindo uma mudança. Então, para não provocar outros traumas, precisamos mudar alguns de nossos hábitos de vida e padrões de comportamento, talvez os mais importantes, adotando uma nova abordagem à vida. Essa mudança envolve uma transformação em como nos vemos, em como nos comportamos, uma alteração em nossa *persona*. Em poucas palavras, temos que nos reinventar.

Arroz ao vapor, palitinhos de frango e brócolis

*Submete-te ao elemento destrutivo
e, com os esforços de tuas mãos e pés na água,
faze o profundíssimo mar te sustentar.*
Joseph Conrad

Em uma ventosa tarde de dezembro em Winnipeg, em 1994, eu estava de pé na sala de estar da nossa casa, olhando pela janela, segurando um telefone celular na mão. Tinha um médico no outro lado da linha, um especialista gastrointestinal. O doutor MF tinha um consultório no centro da cidade. Sua enfermeira/assistente era uma matrona brusca, cuja atitude refletia, como vim a perceber, a de seu patrão. Eram pessoas ocupadas, profissionais imensamente competentes que me comunicavam que não tinham tempo a perder. Eu também era desse tipo. No fim de setembro, eles tinham realizado uma endoscopia em mim, cujo resultado foi negativo. Então, no meio de novembro, como seguimento à endoscopia, o doutor MF tinha feito uma colonoscopia em mim, procurando irregularidades em meu sistema digestivo e cólon. Essa investigação levou a uma subsequente biópsia de fígado, que ele tinha pedido que fosse feita vários dias antes de sua ligação no início de dezembro. Ele era, como eu disse, um homem de mãos talentosas – e uma inteligência diagnóstica correspondente. Além disso, ele talvez não fosse a pessoa ideal para estar no telefone comigo naquele momento, dando-me uma notícia sombria. "Sua biópsia de fígado deu positiva", disse ele. "Você tem câncer."

Desde a metade de agosto, eu vinha passando por uma bateria de exames de rotina – ultrassonografia, radiografia com contraste de bário entre outros, tendo em vista, pensava eu, confirmar um problema na vesícula biliar. Meus sintomas eram parecidos com aqueles relatados por amigos e familiares que tinham sofrido disso. Eu tinha a idade certa para ter desenvolvido cálculos biliares. Assim, ouvir *você tem câncer* foi tão chocante quanto inesperado.

Se você nunca ouviu essas palavras, é simplesmente impossível compreender inteiramente seu efeito. Penso imediatamente na imagem de um dos esquetes do Monty Python, em que um homem que passeia despreocupadamente em um dia ensolarado subitamente é atingido na cabeça por uma bigorna de dezesseis toneladas. Eu tinha perdido meu pai subitamente, de ataque cardíaco, dois anos antes; um filho meu tinha nascido; tinha passado por uma separação conjugal prolongada e dolorosa. Todas essas experiências exigentes tinham me desanimado terrivelmente, mas nada comparado àquelas palavras fatídicas: *você tem câncer.*

Você conhece essa sensação quando não acha a carteira ou perde seu filho no shopping: o coração dispara, o sangue aflui para as bochechas, você sente o topo da cabeça se separando do corpo. Transpiração, palpitações. Suas mãos vão para uma direção, os pés para outra, sua mente para uma terceira. Desorientação da mais profunda. Eu já tentei reconstituir os momentos que se seguiram às palavras do doutor MF, mas não consigo lembrar o que disse. Talvez: "Obrigado". Isso hoje me parece patético e tocante, exatamente o tipo de coisa que uma pessoa conscienciosa diria para reconfortar um médico que não deveria ter jogado a bomba do *câncer* em um paciente incauto. Talvez eu tenha perguntado: "Tem certeza?". Ele tinha. Não, não sei o que eu disse, mas sei que estava olhando pela enésima vez para um freixo de quinze metros em nosso jardim, que tinha crescido de tal modo que se curvava perigosamente sobre nossa casa: uma árvore que balançava com o vento e rangia, e

às vezes estalava – nosso vizinho também já tinha ouvido e viera me avisar, caso eu não tivesse ouvido. Eu estava olhando para essa árvore e pensando: "Precisamos mandar alguém cortar isso aí antes que caia na nossa cabeça".

Com a declaração seca do médico ecoando no cérebro, desliguei o telefone. Devo ter desligado. Para ser justo, o doutor MF tinha me dito mais uma coisa: "O câncer que você tem se chama síndrome carcinoide". E nada mais. O telefone estava mudo. Sentei-me – ou talvez tenha ficado caminhando nervosamente. A casa parecia muito mais silenciosa do que antes daquela ligação. O piso de madeira fazia seus barulhos guinchantes. O aquecedor estava ligado, roncando e soprando ar quente pelos dutos. Passou algum tempo antes de eu fazer alguma coisa da qual possa me lembrar claramente. Possivelmente me perguntei se eu viveria até o Natal. Sentia-me bem: forte, saudável. Meus conhecidos sempre me diziam que eu estava ótimo. Talvez tenha bebido uma dose de uísque para acalmar os nervos. Com certeza, pensei: "Meu filho vai crescer sem pai", e a imagem do meu menino de três anos me embrulhou as entranhas.

O que sei é que por algum tempo não tinha ideia do que fazer. Câncer. A pior coisa que poderia acontecer a uma pessoa. Câncer. Quando eu era criança, nos anos 1950, duas mulheres em nosso bairro tinham morrido de câncer: eram mães de amigos com quem eu brincava na rua e jogava hóquei. As outras mulheres do bairro, incluindo minha mãe, falavam sobre a doença aos sussurros, do mesmo jeito que discutiam sobre adolescentes azaradas o suficiente para estarem grávidas. *Câncer.* E com olhares e suspiros que quase faziam parecer que as vítimas tinham culpa por ter atraído a doença. Essas mães de meus colegas de escola sofreram por longo tempo; ambas morreram jovens, e a história delas se transformou num alerta para nós, fazendo o câncer parecer tão misterioso e letal quanto a peste. Morte. Eu vibrava com uma intensa energia nervosa: sentia-me como se tivesse tomado café demais – inquieto, sensível, desfocado e, ao mesmo tempo ansioso. Superansioso. Eu queria falar com alguém – mas com quem? K estava na aula da faculdade de Direito de sexta à tarde. Minhas duas irmãs estavam trabalhando, e, de qualquer forma, dá para ligar para alguém – mesmo um irmão – e anunciar "Eu tenho câncer"? (No fim das contas, dá – mas isso fica para depois.) Minha mãe era viva, mas sabia que não podia sobrecarregá-la; na verdade, tinha que protegê-la dessa notícia devastadora – cuja magnitude nem eu compreendia inteiramente naquele momento. Fiz o que a maioria das pessoas faz nessas circunstâncias: fiquei silenciosamente sentado e beberiquei meu uísque, com a mente completamente vazia e ao mesmo tempo repleta de milhares de pensamentos e imagens.

Dessas últimas, a mais proeminente era a visão de mim em um leito de hospital com um tubo intravenoso. Sabe aquele cheiro horrivelmente anestésico de hospital? Na semana anterior eu tinha passado por uma biópsia guiada por tomografia, uma experiência apavorante e dolorosa, tornada ainda mais perturbadora porque passei por ela sozinho e sem muita discussão preliminar com K: estava convencido de que os testes não dariam em nada. Era ativo, saudável e robusto. Andava de bicicleta, fazia musculação, jogava em times que participavam de competições. E agora, câncer. Minha expectativa – e de K – era de que eu estava com algum probleminha simples. Então, fiquei, realmente, chocado.

Eu fora, especialmente entre os vinte e trinta anos, um homem ambicioso. Crescendo em uma cidade mineradora na classe trabalhadora nos anos 1950, eu utilizara a instrução como meio de aumentar meu poder aquisitivo e status social. Cursei a faculdade; formei-me como primeiro da turma; fiz doutorado. Eu subi rapidamente na carreira que tinha planejado durante a adolescência: professor universitário. Durante a década subsequente, os anos 1970, lecionei em várias universidades. Os alunos me chamavam de "doutor Tefs". Para uma pessoa de família modesta, meu nível econômico tinha subido bastante. Haviam me oferecido um posto de diretor em uma das faculdades particulares mais interessantes do país. Além disso, eu escrevia romances; eles receberam aprovação da crítica e obtiveram sucesso razoável no mercado. Eu era respeitado. Estava planejando escrever mais livros, sobre ensino de escrita criativa, sobre... bom, vocês sabem como é. A perspectiva de câncer ameaçou tudo isso.

O surpreendente para mim não foi o que fiz quando desliguei o telefone naquele dia, mas o que *não fiz*. Não gritei nem arranquei os cabelos; não me joguei no chão e chorei; não liguei para alguém e despejei minha notícia terrível. Sem ranger de dentes; sem amaldiçoar os deuses; sem súbitas revelações sobre o sentido da vida. Talvez ninguém nunca realmente manifeste essas atitudes dramáticas; talvez sejam só coisas de novela e imprensa sensacionalista. Dramalhão mexicano.

À medida que os minutos, e depois as horas, passaram, cheguei a uma descoberta incomum, algo que até hoje me provoca maravilhamento perante a tenacidade do ser humano: mesmo quando a pior coisa concebível realmente acontece, você segue adiante. A vida segue adiante. Sempre imaginei que em um momento desses eu desabaria ou sofreria uma conversão instantânea em minha filosofia – como Saulo no caminho para Damasco –, mas, em vez disso, bebi o meu uísque; fui ao banheiro fazer xixi; fiquei vagando pela cozinha, esperando K voltar da aula. Eu dava voltas. Sempre voltava à janela da sala de estar. Um jogo de luz e o vidro triplo refletiam minha própria imagem: maxilar grande, óculos, uma juba de cabelos castanhos rebeldes. Depois de um tempo, apoiei a testa no vidro frio e fiquei assim por um tempo, como em transe.

Quando me recompus, percebi que a noite estava chegando, que K logo voltaria para casa. Rotina é aquilo em que os humanos vivem, com ou sem desastre, e voltei às minhas rotinas – comecei os preparativos para a janta: arroz ao vapor, palitinhos de frango e brócolis.

* * *

— Então, você é o Wayne.

— E você é o câncer. O que mais há para ser dito? Eu te odeio. Fim de papo.

— Não me importo muito... Mas você começou, você...

– Olha, eu te odeio. Meu estômago embrulha quando penso em você. Sim. Só de pensar em você – câncer –, fel e saliva crescem na minha boca. Sinto o seu fedor. Meus punhos se fecham e as veias das minhas têmporas saltam, latejando com a pulsação do sangue, sangue que você contaminou. Meu coração dispara e quero esmagar alguma coisa.

– Pobrezinho!

– Eu pulo da cadeira e sou tomado de uma fúria cega, socando a primeira coisa a meu alcance, a porta do meu escritório. Eu bato nela. Ela abre voando, colidindo na parede atrás dela. Grito: Por que eu? Grito: Droga, por que eu?

– Claro que sim. Eu, eu... No fundo, você é um criança.

– A dor corre pelos meus dedos. Meu pulso lateja: machuquei algum músculo, tendão ou o que seja... eles gritam: PARE! Mas estou fora de controle, e bato de novo, e de novo.

– Raiva primitiva, meu rapaz. Um homem perdendo as estribeiras. Fúria masculina.

– Eu te odeio, quero te matar!

– Essa gritaria faz você parecer um clichê.

– Eu queria pulverizar você, reduzi-lo a uma massa sanguinolenta, a um monte de porcaria.

– Mas você não pode.

– Eu não posso, e a raiva é tão grande que chuto a parede.

— Você é uma criança. Você insiste nos seus ataques. Então, por que está aqui, mesmo? Por que se dar ao trabalho de falar?

— Não foi ideia minha. Foi ideia de EB, de K. "Olhe para dentro de si, comece um diálogo com seu câncer." Bobagem.

— O mesmo de minha parte. Prefiro trabalhar silenciosamente por dentro, crescer secretamente.

— Quer dizer, me matar.

— Rapaz, não é nada pessoal.

— Você devora as células boas, destrói o tecido saudável, faz de mim uma porcaria.

— Todo esse amargor... Não há má intenção. Câncer simplesmente existe. Você não entende isso?

— Eu falo por desespero. Por medo, raiva e desespero.

— Pelo menos isso é honesto.

— Não enche!

— Como queira.

Cachorros-quentes, salgadinhos e biscoitos, refrigerantes

Todos que nascem têm dupla cidadania,
do reino dos sãos e do reino dos doentes.
Apesar de todos preferirmos usar
somente o passaporte bom,
mais cedo ou mais tarde
cada um de nós será obrigado,
ao menos durante um período,
a se identificar como cidadão do outro lugar.
Susan Sontag

Ao longo do verão de 1994, eu vinha tendo pequenas crises gastrointestinais. Os sintomas eram bem comuns: estômago revoltado durante a madrugada, arrotos, gases, um desconforto generalizado no intestino que levava a breves períodos de insônia entre três e cinco horas da manhã, seguido por uma manhã de dor de cabeça leve, acompanhada de náusea e desconforto. "Borborigmos" foi a palavra que achei para estes sintomas um ano depois, uma palavra a que eu, como escritor, imediatamente me apeguei, apesar de não simpatizar com seus sintomas.

Vários conhecidos supuseram que eu tinha refluxo gastroesofágico, uma doença bem comum que se desenvolve em pessoas com a mesma idade que eu tinha na época do diagnóstico, do meio para o fim dos quarenta. Talvez cálculos biliares, conjecturavam outros.

Quando pensava nos sintomas que estava sentindo – e no início não dei muita importância para eles –, eles pareciam ser causados pela ingestão de alimentos gordurosos ou de vinho branco. Em uma ocasião particularmente memorável (memorável por causa da gravidade da dor que senti), na noite anterior eu tinha comido salmão grelhado em uma reunião familiar, e acompanhara a refeição com várias taças de vinho. No dia seguinte, um domingo, passei a maior parte da tarde com um leve desconforto: dor de cabeça, barriga enrijecida, inquietude, irritabilidade, os sintomas geralmente reunidos sob a palavra "ressaca". O remédio comum para mal-estar estomacal, o antiácido, não ajudou. Os sintomas continuaram. Eu tinha vontade de vomitar.

Hoje percebo que esses episódios eram sinais de alerta, era meu corpo me dizendo que algo estava errado. Não sabia disso na época, que nossos corpos nos falam quando as coisas não vão bem ou quando nossa saúde geral está ameaçada – que temos que parar de fazer as coisas que fazemos, e imediatamente! Não estamos acostumados a escutar nossos sinais internos. Em nossa cultura, costumamos pensar em nossos corpos como máquinas que podem ser guiadas em praticamente qualquer velocidade frenética que determinarmos, jogando analgésico e antiácido goela abaixo, quando o corpo periodicamente nos envia mensagens, através de sintomas como dor de cabeça ou gases. Os comerciais de televisão destes remédios não ajudam: na verdade, eles cultivam essa visão destrambelhada de saúde. Esses comerciais nos dizem: *é só tomar um antiácido ou um analgésico que a sua dor vai passar.* Até termos uma doença séria – ou vivermos com alguém que tenha –, não registramos os múltiplos sinais que nossos corpos nos enviam, alertando-nos de que estamos à beira de uma doença e que coisas muito mais sérias podem em breve nos acometer. (Uma vez li uma tirada interessante sobre tudo isso: "Ter dor de cabeça não quer dizer que você está com baixo nível de analgésicos".)

Provavelmente, uma pessoa mais sábia, mais em sintonia com todo o seu ser, teria dado atenção às mensagens que seu corpo estava enviando muito antes do que eu. Hoje, quando reflito, percebo que já tinha borborigmos há anos, embora não seriamente o bastante para me levar a perguntar por que estava "gasoso" ou para considerar uma mudança em qualquer de meus hábitos de consumo. (Largar a cerveja gelada, batatas fritas e ovos em conserva à meia-noite – acho que não!) A partir de então, eu me fiz esta pergunta: estar mais em sintonia com meu corpo – escutar suas mensagens – teria feito diferença, evitado o câncer?

Não há como saber, na verdade. Mas acho que sim. Certamente, quando ouço meus amigos desportistas de ressaca reclamando de pontadas no estômago e problemas intestinais, percebo uma versão do meu eu pré-diagnóstico, e sinto que meus companheiros de vestiário deveriam reclamar menos de suas dores de barriga e agirem mais positivamente para lidar com as mensagens de seu corpo. Bem, isso é fácil de dizer agora.

Minhas dores me levaram primeiro a uma clínica de atendimento imediato, onde a médica plantonista me informou que não havia nada que ela pudesse fazer para me ajudar. "Vá para o pronto-socorro", disse ela. Esta foi uma orientação chocante. Eu estava esperando uma receita ou algo do gênero. Só quando saí da clínica me dei conta de que algo bem sério estava prestes a me ser revelado. Eu estava em maus lençóis. Lembro-me de falar para K, com voz trêmula, enquanto íamos de carro ao setor de emergência do hospital mais próximo: "Eu sei qual é o problema: estou com uma úlcera. Droga!". Eu estava inclinado no banco do carona, cuidando da dor na minha barriga, sentindo pena de mim mesmo e um pouquinho ressentido por causa da indignidade das úlceras. Eu me imaginei não podendo beber álcool ou saborear certas comidas: chilli e pizza. Terríveis limitações na minha vida, pensei eu então.

Quem dera fosse só isso, foi o que pensei muitas vezes depois.

Os médicos e as enfermeiras que encontrei no setor de emergência eram muito gentis. Levaram algum tempo para me estabilizar e tentaram vários antídotos para a dor contínua que sentia no abdome. No fim, eles chegaram a uma mistura de antiácido e do agente anestésico xilocaína, que efetivamente dessensibilizou a sensação na minha barriga, de forma que pude descansar tranquilamente durante um tempo – e até mesmo dormir. Cochilar, ao menos. Por volta da meia-noite, descansado e um pouco mais forte, eu e K cambaleamos para fora do hospital, armados com uma receita de um medicamento para o intestino, outro para o estômago e o sábio conselho de que deveria marcar consulta com um médico imediatamente ou correria o risco de que a "crise" ocorresse de novo.

Ao sair do setor de emergência naquela noite, lembro-me de ter olhado para o céu. Era fim de agosto. A lua cheia brilhava fortemente acima de minha cabeça. Uma luz peculiar coloria o horizonte em todas as direções, uma mistura rosada de rosa e roxo, uma mancha boreal. Recordo ter dito algo a K a respeito: tendo crescido no campo, ela é ligada a lugares abertos e expansivos e ao céu ocidental no crepúsculo. Ficamos olhando aquele

céu lívido por alguns minutos, de mãos dadas, antes de nos animarmos para a tarefa diante de nós: marcar uma consulta com M, nosso clínico geral.

    A visita a M levou ao especialista gastrointestinal, doutor MF. Na época, eu estava convencido de que tinha criado cálculos biliares, ou no máximo uma úlcera, e esperava ouvir dele que não poderia mais comer e beber as coisas a que estava acostumado em trinta anos de uma vida adulta caracterizada por inocente despreocupação e indulgência consciente – pizza, cerveja, hambúrgueres, batatas fritas, molhos, cachorros-quentes, salgadinhos, biscoitos, refrigerantes, *nachos*, queijo derretido. As coisas com que eu imprudentemente entupia meu corpo naqueles dias me provocam uma careta hoje.

Assim, fiquei surpreso quando, depois de uma endoscopia (desconfortável – ânsias, suor, flatulência), o doutor MF me informou que não havia nada de errado com meu estômago. Eu perguntei: "Não tem úlcera?". Ele respondeu: "Não, está tudo bem aí". Se eu tivesse prestado atenção, teria ouvido o tom sinistro dessa última palavra. O doutor MF suspeitava que havia alguma coisa mais séria do que uma úlcera nas minhas entranhas. Mas eu estava aliviado demais – e, sem dúvida, ocupado demais – para reconhecer que ele não estava aliviado. Ele marcou uma colonoscopia para mim no hospital onde ele realizava esses exames, e uma semana depois fez o procedimento espetacularmente desconfortável. "Tem alguma coisa lá em cima, no seu intestino grosso", informou ele, quando parou brevemente de inserir seu instrumento nas minhas tripas, ele mesmo suando consideravelmente. "Eu consigo ver, mas não posso fazer biópsia: não quero lhe causar mais desconforto ainda." Ele tinha razão nisso: dos vários procedimentos de diagnóstico por que passei desde então, a colonoscopia não só é o menos digno, mas também é o mais requintadamente doloroso. (Uma mulher que conheço me disse:

"Eu já tive filhos dos dois jeitos, e, vai por mim, as dores não são nada comparadas com a colonoscopia que fiz".)

No mesmo dia em que realizou a colonoscopia, o doutor MF marcou uma varredura radioativa no meu intestino. Quem ia se submeter ao procedimento bebia dois copos gigantes de bário (nossa, como aquilo caiu bem no estômago!) e ficava no corredor do hospital – *de pé*, para que ele pudesse percorrer mais facilmente o sistema gastrointestinal –, esperando a vez para fazer as radiografias radioativas. Havia um jovem a meu lado, de talvez trinta anos, um homem com uma barba loura rala e uma barriguinha proeminente. Ele usava tênis de corrida, que um dia foram caros, marcados de sujeira e muito estragados nos calcanhares. Estava pálido e suava. Ele me disse que estava ali para confirmar se tinha doença de Crohn. Eu me lembro de sentir pena dele, e hoje não consigo deixar de notar meu próprio orgulho: lá estava eu, esperando as radiografias, e sentindo pena dele. De pé naquela fila, sendo examinado por causa do que viria a se revelar um câncer, eu ainda era incapaz de reconhecer que estava em apuros no mínimo tão graves quanto ele.

Bem, ninguém quer reconhecer estas coisas, não é? Homens da minha geração e disposição fazem de tudo para não ter que reconhecer as coisas ruins que lhes acontecem. Por um lado, é um instinto de autopreservação, o que é bom; por outro, é simplesmente cegueira voluntária, que pode facilmente contribuir para nossa própria desgraça.

No fim, as radiografias revelaram manchas no meu fígado, confirmadas por uma ultrassonografia alguns dias depois. Esses exames foram seguidos de uma biópsia do fígado. Comecei a me familiarizar bastante com os corredores do Saint Boniface Hospital. Em minha vida adulta, nunca estivera em outra área de um hospital que não o setor de emergência – para "costurar" lacerações desportivas –, portanto, a sequência de experiências pela qual tinha passado em um período de poucos meses me deixava um pouco nervoso: um monte de gente de jaleco branco, circulando com sapatos que rangiam, com aparência competente, ocupada e séria (esta última observação me preocupava). Eu também estava (agora reconheço) negando o que deveria ter notado, ao menos inconscientemente, negando o que me estava sendo transmitido por todas essas consultas: havia algo talvez mortalmente errado comigo.

Uma biópsia de fígado é realizada junto com uma tomografia computadorizada: usando uma seringa comprida, o médico investiga os lugares do fígado em que a tomografia revela tumores. No meu caso, os tumores (ao menos aqueles a que o médico tinha fácil acesso) eram pequenos, tão pequenos que ele tinha que repetidamente ajustar e reajustar – o que se parecia com – a enorme agulha de biópsia. Eu tinha recebido uma anestesia local no flanco, então a investigação dava uma sensação parecida com a que se tem no dentista: remota, mas definitivamente desconfortável: uma pressão abstrata que de tempos em tempos se intensificava súbita e fortemente, causando-me espasmos e náusea. Sabe aquele trauma enervante que se tem quando uma enfermeira não consegue localizar direito a veia na parte interna do braço e fica espetando você com a agulha – suores, náusea? Imagine isso aumentado muitas vezes, com você deitado num ambiente estranho e assustador de uma sala de tomografia computadorizada, inspirando o odor anestésico do hospital, temendo o pior e escutando o bipe do monitor, aquele som agourento acima do qual você consegue ouvir o médico falando às enfermeiras, em voz abafada e atribulada, que está tendo muita dificuldade para achar uma amostra de biópsia.

Para que uma tomografia computadorizada funcione, certas tinturas líquidas, "contrastes", como os atendentes chamam, passam pelas suas veias enquanto você fica deitado no aparelho. Isso tem três efeitos colaterais, nenhum deles agradável: um gosto metálico no fundo da boca; vermelhidão em todo o abdome e virilha; necessidade de urinar. Após mais ou menos uma hora, o suor já se acumulava em minhas axilas e na minha testa. As reações contrariadas da minha mente correspondiam às do meu corpo, passando da ansiedade e chegando ao limite da histeria.

O técnico, as enfermeiras e o médico que fazia a biópsia, um tal doutor Q, conferenciavam aos sussurros de tempos em tempos. Além da preocupação em suas vozes, ouvi as palavras "lesões" e "múltiplas". Eu tinha apenas uma noção confusa do que estava acontecendo comigo. Não estava indo bem. A sala era grande e, fora o tomógrafo e um banco, vazia; o tomógrafo era de um tom opaco de marrom; todos vestiam jalecos brancos e se moviam etereamente em volta do meu corpo deitado de costas. Parecia que eu tinha ingressado em outro mundo, fantasmagórico, onde os espíritos presentes circulavam com sapatos que rangiam.

Em minha jornada de câncer, tive a sorte de conhecer muitos ótimos médicos e enfermeiras. Nessa ocasião particular, uma enfermeira mais jovem percebeu meu desconforto e o medo que estava me deixando em frangalhos. Allison, dizia seu crachá. Ela fez uma coisa incomum e pela qual sou grato até hoje. Depois de meia hora da dolorosa e entorpecente tomografia mais biópsia – entorpecente porque você deve ficar com os braços entrelaçados atrás da cabeça durante a tomografia, com uma sonda intravenosa latejante –, Allison pegou os dedos de uma das minhas mãos e os pôs sobre a sua. Ela segurava a minha mão e pressionava suavemente meus dedos. Somente isso: carne e osso quentes de uma pessoa segurando a mão da outra. Um gesto silencioso e reconfortador que me disse que eu não iria morrer ali mesmo na sala de tomografia, como realmente começara a achar. Um gesto que me transmitiu a mensagem de que não estava sozinho.

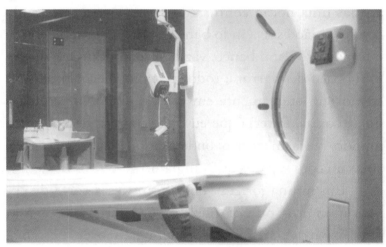

O seu gesto reconfortador provavelmente me ajudou a relaxar e, com a dose de anestesia local para aliviar a dor do lado, a entrar em um transe difuso e restaurador à medida que o procedimento chegava ao fim. Ao chegar à sala de recuperação, eu estava consideravelmente abatido. Talvez tenha perdido a consciência entre a área de tomografia e a recuperação. Posso ter recebido outro sedativo brando. Não me lembro de ser levado de cadeiras de rodas de um lugar para o outro. Mas, quando voltei a mim, me dei conta de que havia outros cheiros além do de anestésico, e havia enfermeiras aqui e ali, uma delas me oferecendo alguma coisa para beber. O sujeito na cama ao lado grunhiu. Quando me virei para olhá-lo, ele acenou com a cabeça e grunhiu de novo daquele jeito que, desde então, vim a reconhecer como o sistema de sinalização universal de veteranos de procedimentos hospitalares – quer dizer: *não se sinta pressionado a começar uma conversa, mas, se estiver disposto a bater papo, eu também quero...*

Do meu próprio modo, sem palavras, devo ter feito ele entender que estava disposto a conversar.

Esse homem era eslavo: percebi no seu jeito de falar o sotaque de quem já fora imigrante. Ele devia saber o que eu não sabia: que estávamos na ala de recuperação de biópsia. Ele estava comendo algo, uma sopa talvez, mas imediatamente atacou o cerne da questão, dizendo-me:

– Quinze anos atrás, os médicos me disseram que eu tinha cinco anos de vida – ele apontou para seu lado.

Estava com uma bolsa de colostomia. – Cinco anos – repetiu ele –, eles me deram. Eu me assustei na hora, mas hoje nem tanto. Não é tão ruim – continuou. Parou para sorver sua sopa.

– Eu parei de trabalhar. Eu faço a ceia de Natal para toda a família, peru, rolinhos de repolho, e tudo que tenho direito... muito divertido. Eles cortaram todo um pedaço das minhas tripas. Não uma, mas duas vezes. Não é tão ruim. Você se acostuma. Quinze anos, ouviu, e eles me disseram cinco.

Ele deitou de volta em seus travesseiros, satisfeito com sua história de sobrevivência e feliz por ter dito aquilo que tinha vontade.

Desde então, pensei muitas vezes nesse homem. Na hora, estava cansado e desgastado demais para perceber todo o significado, muito menos a sabedoria, do que ele estava me dizendo. Mesmo assim, sua afirmação simples e encorajadora, como a simplicidade do toque humano de Allison, foi um gesto de dignidade e de conforto, uma maneira de me fazer enxergar além da dor do momento, para algo melhor um pouco mais adiante no caminho. Pessoas com doenças terminais frequentemente revelam esse pequena genialidade: a capacidade de ver além da sua própria dor e sofrimento de um modo positivo que anima outras pessoas também. Pacientes com câncer às vezes são surpreendentemente positivos. Um radiologista que conheci estava considerando trocar de especialidade, simplesmente porque, como ele disse, "vocês são tão animados, poxa". Em geral, pacientes com câncer são mais sábios do que eram antes da doença; mais generosos com a esperança, e mais ousados em sua capacidade de encorajar os outros a ter esperança também; o otimismo, transmitido pelos olhos e pela voz, pode ajudar a iniciar a jornada rumo ao novo *self* que você está prestes a se tornar.

– Não é tão ruim.

Seu comentário casual parecia estar a quilômetros de distância, em termos psicológicos, da primeira reação da maioria das outras pessoas ao *câncer*. Mas ele tinha razão.

* * *

– Não vou perguntar "por que eu?". Hoje não. Mas vou perguntar o seguinte: de onde você veio?

– Pare com isso, meu rapaz. De dentro do seu corpo.

– Não. Você é uma coisa estranha, uma invasão externa. Um parasita medonho que se instala em um hospedeiro inocente, um mau que ataca um bom. Um cancro.

— Minha nossa. Não é verdade. Câncer é um fato inexorável. Mas neutro. Sabe, eu sou você, do mesmo jeito que seu nariz é você, do mesmo jeito que cada folículo do seu cabelo é você.

— Eu não vou aceitar isso. Você é uma ferida odiosa, uma cicatriz purgando pus.

— Você quer xingar? Não quer conversar? Tudo bem. Que se faça silêncio. Vou voltar a trabalhar, por dentro de você, silenciosa e secretamente.

— Não, nada disso... Que droga, nada disso!

— O quê, então?

— Quero fazer uma pergunta melhor: não de onde você veio, mas por que veio?

— Vim porque podia: apareci assim como uma pinta surge no dorso da sua mão.

— Não, isso é bobagem. Câncer vem para punir as pessoas. Elas fizeram alguma coisa errada, algo ruim. Sendo assim, você veio para me punir — por alguma coisa que fiz de errado, por ser mau, por traições ou falhas. Esse tipo de coisa.

— Você ainda não entendeu. Não venho como castigo. Não chego para punir falhas morais, nem qualquer outro tipo de falha. Venho porque é a hora certa.

— Eu estava na hora certa?

— Seu corpo estava.

— Isso é papo furado.

— Meu rapaz, pare um pouco de implicar e pense no que aconteceu no ano anterior a seu diagnóstico.

— Tudo bem. Nesse período, as seguintes coisas ocorreram: meu pai morreu; larguei meu emprego; saí da casa onde morei por anos com a minha ex-mulher; depois ela saiu.

— Viu, é uma lista e tanto.

— Então você estava esperando, esperando para me invadir, é isso?

— Todo aquele estresse. Você estava bebendo, também. Não dormia bem.

— Eu fiquei fraco, é isso que você está dizendo. Eu me deixei enfraquecer, e você aproveitou a oportunidade e começou a se desenvolver. Atacar!

— Você quer transformar isso numa novela. Tudo bem. Faça como quiser. Mas vale a pena repetir: câncer não é um castigo por falha moral, ou o resultado de não "ter se cuidado".

Curativos e abaixadores de língua

As notícias da minha morte
são grandemente exageradas.
Mark Twain

Na segunda-feira seguinte à sexta em que o doutor MF me disse *Você tem câncer,* nosso clínico geral, M, me ligou. Na verdade, foi a recepcionista do consultório de M que ligou para me dizer que eu tinha consulta com um oncologista (nunca tinha ouvido essa palavra antes). A clínica dele, do doutor N, se situava, ela me informou, em um prédio comercial no centro. Na terça-feira, ainda me recuperando do choque de ter câncer, e sem saber nada além do que já sabia sobre síndrome carcinoide, cheguei ao consultório do doutor N. Ou melhor, à sala de espera do doutor N.

Na época, não estava familiarizado com a sequência sala de espera externa (prossiga para), sala de espera interna, que é o procedimento padrão no mundo dos consultórios médicos hoje em dia. Estava quente e abafado. Salas de espera sempre parecem excessivamente quentes e sufocantes. Eu me dei conta de que deveria ter levado um livro para passar o tempo. Havia revistas para folhear na parte externa do consultório, e outros pacientes para estudar. Será que todos tinham câncer? Muitos estavam acompanhados por familiares – maridos, esposas, mães, filhas. Alguns estavam de mãos dadas. Eu os espiava por cima da minha revista de esportes de dois meses antes: ninguém parecia estar em condição crítica, mas todos pareciam tensos, prendendo a respiração. Todo mundo falava na voz baixa que todos – exceto crianças e pessoas com deficiência mental – assumimos em salas de espera de consultórios. É por respeito ao sofrimento uns dos outros? Muito provavelmente é por causa do pavor. Intimidados pelas possibilidades alarmantes, regredimos à condição de crianças na sala do diretor da escola ("Se sussurrarmos, talvez não aconteça nada de ruim").

Depois de uma meia hora, fui conduzido ao consultório interno do doutor N, uma sala minúscula e abafada com uma mesinha abarrotada e duas cadeiras de madeira. Aqui não havia revistas, então fiz o que pacientes fazem: pigarreei, fiquei olhando ao redor, remexi os dedos. Enfermeiras e recepcionistas perambulavam pelos corredores, visíveis pela porta deixada aberta atrás de mim. Garrafinhas de coisas nas prateleiras – amostras de novos medicamentos? –, alguns instrumentos médicos (martelo para verificar reflexos), curativos de vários tamanhos, abaixadores de língua. Parecia bizarro ficar sentado olhando para esses objetos enquanto esperava para ouvir quanto tempo ainda teria de vida e escutava por acaso duas enfermeiras no corredor conversando sobre uma terceira: "Eu acho que para Louise devemos dar as velas, mas não as perfumadas: o marido dela tem alergia". Presentes de Natal. Eu estava ainda imaginando se chegaria até o Natal, o terceiro de A, meu filho. Para mim, a situação era urgente, mas ninguém mais parecia muito preocupado.

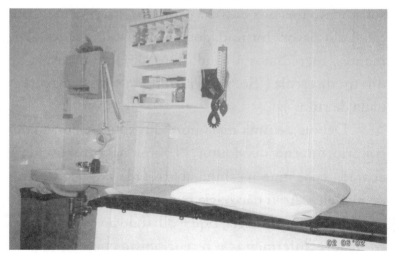

Depois de um tempo, o doutor N entrou na pequena sala. Ele era um homem alto, um pouco corpulento, com um paletó de *tweed* marrom e verde. Tinha uma pasta na mão. Ele parecia ligeiramente absorto, mas pediu que eu levantasse. Eu estava sentado com meu casaco no colo, e tinha começado a transpirar na sala abafada. Estava aterrorizado, também, embora alguns minutos antes estivesse considerando pegar para mim um dos curativos maiores na estante mais próxima: parecia perfeito para aqueles arranhões que se tem nos joelhos, quando se leva um tombo de bicicleta.

O doutor N cutucou e espetou a região do fígado na minha barriga, fazendo perguntas como: "Tem dor aqui?", "Tem sangue nas suas evacuações?", "Perdeu peso recentemente?", "Costuma ter diarreia?". Não, não, não, não. "Rubor facial?" Eu estava com a cara vermelha naquele momento – do calor da sala abafada e do estresse da consulta. "Às vezes", eu disse, "quando bebo álcool. Depois de esportes. Eu jogo em um time de hóquei." "Fôlego curto?" Não. Aí o doutor N puxou um estetoscópio e auscultou meu peito e, depois, a região do meu fígado, e grunhiu.

Nós nos sentamos e ele me olhou pela primeira vez desde que se tinha apresentado. "Bem", disse ele secamente, "você tem câncer". Percebi que ele tinha algo preso ao cinto, uma caixinha preta com um fio que ia até a região do abdome. Eu já tinha visto um conhecido com diabetes bem séria usando algo assim. Os olhos do doutor N pareciam desbotados, de um castanho desbotado; ele parecia cansado. Talvez não estivesse absorto, mas sim com dor. Ele focou os olhos novamente e disse:

— Não há muito que possamos fazer por você. Existe a embolização, mas provavelmente é melhor guardar isso para um pouco mais tarde. Você parece estar bem agora, não?

Eu lhe disse que me sentia ótimo:

— Pratico esportes coletivos, tenho uma vida ativa.

Novamente, o doutor N girou os olhos, como se combatesse o sono, e os fechou. Pensei que talvez estivesse pensando sobre outros pacientes carcinoides que já vira, repassando mentalmente seu conhecimento sobre a doença, antes de ir adiante. Daí me dei conta de que ele estava mais do que cansado: ele estava exausto — poderia cair a qualquer momento. Arrisquei a pergunta:

— É possível fazer uma cirurgia?

O doutor N se aprumou:

— Você está estável agora — disse ele —, e isso poderia desestabilizar as coisas — ele fez um movimento com as mãos, como se fizesse malabarismo com um melão, e

CÂNCER: UMA MONTANHA-RUSSA ASSUSTADORA

acrescentou: – Isso pode só agitar as células malignas e incitá-las a agir. É melhor não fazer isso.

Agora eu estava realmente suando. Tinha de certa forma esperado uma consulta animada, com um doutor enérgico e jovial que me exporia as opções e sugeriria, com uma voz tipo a do James Stewart, um plano de ação mais agressivo e arriscado, mas ao mesmo tempo o mais promissor: "Você estará correndo um grande risco, mas, se abrirmos, provavelmente poderemos limpar esses tumores e deixar você bem em seis meses". Esse tipo de coisa. Uma convocação para a guerra. Eu tinha tirado essa ideia – me dou conta hoje – daquelas animadoras histórias da vida real da televisão americana: esses programas sugerem que tudo que você precisa para se recuperar da condição mais temível é a equipe certa (brilhante, é claro) de médicos e cirurgiões e a determinação para chegar ao outro lado da montanha.

As ilusões com que nos alimentam – e das quais vivemos!

O sonolento doutor N disse:

– Você tem de dois a cinco anos...

Essas eram notícias estarrecedoras – mas ao menos precisas. Lembro-me de ter pensado: "Meu Deus, cinco anos! A terá oito, e eu mal terei chegado aos cinquenta". O doutor N percebeu minha agitação e continuou:

55

— Pense da seguinte forma. Todo mundo vai morrer algum dia. As pessoas morrem em acidentes de carro e coisas assim todos os dias. De repente, se vão. Você tem essa vantagem em relação a eles: sabe quando vai morrer. Pode desfrutar sua vida livre da ansiedade.

De certa forma, esta atitude era louvável. Mas confesso que não concordava com esse clima de fatalismo. Incrédulo, indaguei:

— Não se pode fazer nada?

— Existe a embolização — disse o doutor N — e os remédios à base de hormônios proteicos, para quando os sintomas — rubores, falta de fôlego, diarreia — se tornarem graves.

Eu pulava de um pé para o outro. Como disse, esperava que o doutor N me estimulasse a começar a maior luta da minha vida. Tinha esperado o cerrar de dentes, os sacrifícios excruciantes, todo aquele papo resoluto que se vê nos filmes "baseados em fatos reais" e nas entrevistas com celebridades que sobreviveram a doenças graves. O doutor N parecia estar cedendo e desistindo. Quando me levantei para sair, ele estendeu uma grande mão úmida e disse:

— Aproveite o Natal. Aproveite seu filho.

Acho que eu sabia, antes de passar da sala de espera interna para a externa, que nunca mais me consultaria com o doutor N.

Quando cheguei em casa, telefonei para M, o nosso clínico geral. Já estava no fim do dia.

– Ele me deu de dois a cinco anos – informei a M, acrescentando que o prognóstico tinha me deixado apavorado.

– Minha nossa – disse M –, isso não pode estar certo! – ele parecia tão aturdido quanto eu estava decepcionado.

– Aguarde um momento – falou M. O telefone ficou mudo. Eu estava de pé olhando para o freixo de novo: sem folgas, os ramos tremulavam com o suave movimento do ar gelado. Na primavera que vem, prometi a mim mesmo, vou mandar cortar essa árvore. Quando M voltou ao telefone, eu ouvi o som de páginas sendo viradas.

— Foi o que pensei — disse ele —, síndrome carcinoide. Ouça. Mas não pense que isso é lei.

Ele leu para mim uma breve descrição das origens e sintomas da enfermidade, com frases como esta: "Em noventa e três por cento dos casos, a localidade primária dos tumores se encontra no íleo. Metástases ocorrem no fígado, no apêndice e (raramente) no esqueleto. A terapia deve ser direcionada tanto contra o crescimento do tumor quanto contra a produção de hormônio".

— O que isso quer dizer — explicou M — é que a situação não é urgente, isto é, não é crítica em um sentido imediato. Você tem tempo.

Falei a ele sobre o doutor N e comentei:

— Eu não estou nem um pouco contente com este prognóstico.

Hoje, quando penso nessa declaração, sinto duas coisas: essa afirmação foi bastante arrogante (ao menos, presunçosa), vindo de um paciente inexperiente; e, ao mesmo tempo, agrada-me muito ter falado isso. Mostrou que eu não estava, como o doutor N, preparado para ceder ao senso comum – desistir da luta, pode-se dizer, e me resignar à morte.

– Você não está contente com este prognóstico – disse M. – Mas ouça isso: "Diferentemente da maioria das neoplasias metastáticas, tumores carcinoides apresentam taxa de crescimento lenta, com os pacientes sobrevivendo de cinco a dez anos após o diagnóstico".

De cinco a dez anos, achei, era muito melhor que de dois a cinco.

– Cinco anos – acrescentou M – é muito tempo em termos de tratamento de câncer; nunca se sabe. Podem aparecer novos remédios, novos tratamentos. Se você pensar em dez anos... bem, pode haver uma cura dentro de dez anos.

Confesso que esses eram os conselhos que eu ansiava por ouvir. Reconheci que eles poderiam me dar falsas esperanças, mas estava preparado para aceitar certo grau de falsa esperança, se um prognóstico também significasse que minha equipe oncológica e eu estávamos preparados para nos envolvermos ativamente com o tumor carcinoide.

Bernie Siegel é um cirurgião oncologista que escreve livros sobre como os pacientes podem lidar melhor com o câncer. Em uma passagem de um de seus livros, *Paz, amor e cura*, talvez, ele diz que a coisa mais importante que um paciente pode fazer é ser um "mau" paciente. Ele quis dizer o seguinte: médicos, enfermeiras, recepcionistas, toda a comunidade médica prefere fazer as coisas da sua própria maneira e no seu ritmo, ditando as regras sobre o cronograma, a seleção de tratamentos a ser realizada, a quantidade de informação dada ao paciente, quais outros especialistas devem ser consultados, qual o melhor hospital para fazer o tratamento... Um "bom" paciente aceita passivamente o paternalismo implícito nesse esquema, nunca faz perguntas, nunca ousa dizer: "Isso não serve para mim", sempre concorda com as percepções e planos dos médicos (embora talvez descontente) e, o mais importante, nunca dá indícios de insatisfação com relação ao médico ou com o plano de tratamentos que ele propõe. Por outro lado, um "mau" paciente provoca os médicos e as enfermeiras, fazendo perguntas e considerando alternativas, por exemplo; porém, na visão do doutor Siegel, essa atitude contrária força os profissionais a ficarem mais alertas, mais reativos e mais inventivos com relação aos cuidados que prestam. Na sua ótica, como na comunidade do *rap*, "mau", na verdade, quer dizer "bom".

Além do mais, fazer perguntas, sugerir alternativas e negociar coisas como consultas, e até mesmo tratamentos, envolvem o paciente no processo terapêutico e lhes dá uma participação em sua cura, o que pode ser o elemento mais importante da sobrevivência e recuperação. Esta é claramente a posição de Walter Cannon em seu famoso livro *A sabedoria do corpo*: segundo ele, o corpo reage e se defende de alterações, tais como infecção e doenças, e que a maioria das enfermidades é autoerradicada porque o corpo responde às afecções com adaptações criativas. Um corolário da posição de Cannon é que aquilo que se pode chamar de *psicoterapêutica*, a disposição emocional de um paciente – um fator tão importante da cura quanto remédios e tratamentos.

M e eu falamos por mais alguns minutos. Ele me disse que seu pai havia sido diagnosticado com câncer de próstata quinze anos antes.

– Estou disposto a acreditar, Wayne – disse-me ele –, que, como meu pai, você vai morrer *com* câncer, mas não *de* câncer. – Ele também disse: – Vou ligar para outro oncologista, então fique perto do telefone.

Eu me senti instantaneamente aliviado. Também sabia, pelo tom de M, que no fim do dia estaria mais feliz do que estava quando saí do consultório do doutor N.

Não compreenda mal o que estou dizendo aqui. Nenhum paciente de câncer ou qualquer outra doença séria quer um prognóstico estupidamente otimista. Isso seria uma irresponsabilidade por parte do médico. Mas um diagnóstico lúcido, que também deixe espaço para alguma esperança, é medicamente responsável e humanamente necessário quando se trata de doenças que põem a vida em risco. Precisamos de tratamento, mas também de algo em que acreditar. Também é importante lembrar, como aponta Stephen Jay Gould em seu artigo sobre câncer ("The Median Isn't the Image" [A média não é um modelo]), que os médicos nos dão estatísticas médias quando falam de sobrevivência: já que uma sobrevivência média de dez anos significa que certo número de pacientes vive dois anos, também significa que certo número sobrevive por dezoito anos. Alguns pacientes estão bem longe dessa média, mas alguns estão no topo; você precisa se enxergar nessa última categoria. Como muitas pessoas sabem, uma atitude positiva faz uma diferença enorme para sobreviver ao câncer e prolongar o tempo de vida de uma pessoa. Eu já vi isso acontecer. Mais importante, deve-se dar esperança aos pacientes, de forma que no mínimo eles possam viver o tempo que tiverem com alegria, e não em um estado de desesperança dominante.

Não quero insistir demais nisso. Mas, como pacientes, é bom lembrarmos que médicos e enfermeiras também têm problemas, os quais são fontes de distração: crises familiares, preocupações financeiras, enfermidades e doenças. Alguns deles simplesmente não têm um bom astral. Nem sempre estão num dia bom, quando fazem um prognóstico ou dão instruções sobre um tratamento. Suas próprias vidas, suas próprias crises e ansiedades podem contaminar o que eles nos dizem. Apesar de terem sido treinados para não deixar que tais questões afetem seu julgamento, esse é um padrão muito difícil de ser mantido. Assim, é útil pensar sobre seu médico como você talvez faça com relação às opiniões dadas por sua família e amigos: *de onde está vindo esse conselho?* Absolutamente todos os médicos e enfermeiras que conheci realmente só queriam fazer o melhor por mim; mas, querendo ou não, alguns não fizeram o melhor. A minha disposição de buscar uma segunda opinião ou de discordar de meu médico melhorou algumas coisas para mim no longo prazo, apesar de frequentemente ter exigido certo grau de determinação e uma persistência que é difícil de se invocar e exercer diante do contexto médico, às vezes impessoal e labiríntico. Após o diagnóstico, você tem que estar preparado para batalhar, e mais do que de uma maneira.

Cerca de vinte minutos depois, M me ligou de volta. Ele disse:

– Acabei de falar com um oncologista do Saint Boniface Hospital. Eu disse a ele que você não parece doente e que não se sente mal, que você está num estado melhor que ele ou eu – ao menos eu.

Ambos rimos. Um maravilhoso ser humano e pai de família, assim como um excelente médico, M bem que poderia maneirar nos alimentos industrializados e adotar um programa de exercícios moderado, como ele mesmo costuma dizer. Minhas atividades em competições desportivas, eu sabia, impressionavam-no e preocupavam-no.

– Ele quer vê-lo até o fim da semana – disse M –, talvez amanhã. Ele tem a sensação de que vocês vão desenvolver uma relação duradoura. Seu nome é doutor KK.

Em meu melhor humor, eu não conseguia parar de pensar no cara legal que M era e como eu tinha sorte de ter um médico tão dedicado no meu time – tudo que eu esperava era que o doutor KK tivesse o mesmo comprometimento com minha melhora.

* * *

– Então você quer culpar a mim mesmo por ter câncer – "Eu mesmo o causei" –, é esta a mensagem?

– Pense o que quiser.

– Mas você não nega?

– Meu rapaz, estou tentando fazer com que entenda, que veja que as condições eram favoráveis.

– "Favorável" é um termo positivo. "Favorável" significa uma coisa boa.

CÂNCER: UMA MONTANHA-RUSSA ASSUSTADORA

– Também significa isto: chegou a hora, está pronto para passar por alguma coisa. Você tinha detonado seu sistema imunológico. Você estava praticamente passando do ponto.

– E é essa a grande lição que eu deveria estar aprendendo? – uma baboseira qualquer sobre as circunstâncias estarem favoráveis para o início de uma doença fatal?

– Quanta rebeldia...

– Você parece não entender que eu estou com raiva – furioso.

– Você não percebe que eu não me importo nem um pouco com isso.

– Viu, no fim não dá em nada... conversa. Zero, nada, coisa nenhuma.

– É a sua atitude que atrapalha. Tão inconveniente.

– Dane-se você.

– Vou começar de novo: nós, as células anormais, sempre estivemos lá, esperando seu corpo entrar em crise, em trauma.

– Esperando o sistema imunológico enfraquecer.

– É aí que entro em ação.

– Droga!

– Como queira.

Leucemia, sarcoma, câncer de fígado

*Existe amor antes, durante
e depois de qualquer doença.*
John Dugdale,
fotógrafo cego com AIDS

Naquela terrível tarde de sexta-feira de dezembro de 1994, K voltou para casa, vindo da aula na faculdade de Direito, perto da hora do jantar. Dei-lhe as notícias. Ela tinha muitas perguntas, mas eu tinha muito poucas respostas. Bebemos alguma coisa. Nós beliscávamos distraidamente a comida que eu tinha preparado. (Era uma máxima familiar que, não importa qual seja a crise, sempre se deve estar de estômago cheio: "Conserve sua força!"). Estávamos ambos atordoados, zanzando pela casa como autômatos. K consolou-me como o faz habitualmente: talvez não seja tão ruim quanto parece, talvez você possa ir a um centro de referência... Vamos esperar e ver o que esse oncologista (doutor KK, que eu veria na semana seguinte) tem a dizer. Boas palavras em meio a todos aqueles suspiros e nervosismos.

Eu não conseguia pensar em nada, mas estava inquieto, cheio de uma energia nervosa que não encontrava vazão. K sugeriu que saíssemos para caminhar. Apesar do frio de dezembro e do vento que soprava do Norte, era uma boa sugestão: as estrelas nunca tinham estado tão brilhantes, nem o ar tão revigorante. Lembrei que, quando A era um bebezinho (nasceu em fevereiro), eu o levava para caminhar em noites geladas como essa, enroladinho em um carregador tipo canguru e dentro de uma pesada jaqueta esportiva de couro que eu usava na época, nossos corações batendo próximos um do outro, tal como seu coração de feto batera com o da sua mãe. K me disse que tínhamos que ser fortes, tínhamos que ter uma atitude positiva, e que superaríamos o que quer que estivesse por vir. Só as coisas típicas. Ela disse também que iria entrar em contato com um fitoterapeuta no dia seguinte e começar a procurar formas alternativas de terapia. Minha mãe estava tomando uma poderosa bebida medicinal, recordou K; talvez isso e outros produtos similares pudessem ser utilizados contra o câncer. Eu me sentia grato pelo tom prático de K, sua prontidão em ver as coisas de um jeito positivo, suas sugestões pontuais. Mas estava também mergulhado naquele estado de ausência em que só se ouvem pela metade as coisas que nos dizem, sem absorver muito do que se escuta.

– Estou arrasado – disse eu. – O que vai acontecer com A?

– Ele vai ficar bem – disse K –, as crianças são incrivelmente resistentes. É com você que temos que nos preocupar.

Tentei não ter aqueles pensamentos de autocomiseração sobre como a vida é injusta, ou soltar a frase *você está falando com um morto*.

No meio do trajeto da nossa caminhada, que estávamos fazendo quase toda em um silêncio atordoante, K disse:

– Ligue para suas irmãs.

Perguntei à minha irmã caçula, C, se ela estava sozinha e se poderia dispor de alguns minutos (ela tem quatro filhos, dos quais dois eram bebês na época). Quase antes de eu dizer "Estou com câncer", ambos começamos a chorar. Tudo bem. Eu vinha reprimindo uma torrente de emoções, e sentia-me como um daqueles reservatórios transbordantes que se vê em desenhos animados, com os rebites saltando e prontos para explodir. O desafogo pelas lágrimas era saudável. Nós dois conhecíamos o histórico familiar bem o suficiente para não ter que recorrer a ele: duas tias morreram de leucemia aos cinquenta anos; um tio morreu de câncer de fígado aos sessenta e dois anos. Nossa avó paterna tinha enfrentando uma longa batalha contra um câncer intestinal nos anos 1950. (Nossos pais vinham ambos de famílias com sete filhos, então isso dava doze pares de tios e tias; éramos parte de um grupo de vinte e oito primos-irmãos, dos quais dois tinham se suicidado muito jovens.) Quando nosso choro cessou, falamos tranquilamente durante algum tempo, concordando que não era o momento de contar para nossa mãe, que à época já sofria do coração há mais de uma década. C disse:

– Se houver algo que eu possa dizer, qualquer coisa que possa fazer... – mas não havia.

Algumas coisas nesta vida dependem de você, e só de você. Quando criança, tem que aprender sozinho a se equilibrar em uma bicicleta sem rodinhas, porque ninguém pode fazer isso por você; quando adolescente, tem que discar os números e falar ao telefone, com sua própria voz: "Posso falar com fulano de tal, por favor?". Quando vira adulto, em especial um com uma doença terminal, você tem que ir para a beira do grande abismo, como diz o poeta, e pensar sobre seu destino, até que "Amor e fama se reduzam a nada". Você está sozinho. Os outros podem estar ao seu lado; os outros podem segurar sua mão; os outros podem murmurar as palavras que nós, humanos, dizemos uns aos outros para nos ajudarmos nesses momentos de crise e desespero. Mas logo vem o silêncio; logo vem o momento de ficar deitado no escuro, sozinho, olhando para o teto; algumas estradas, afinal, têm que ser percorridas a sós.

Minha irmã mais velha queria detalhes. Ela ficou brava com o fato de o doutor MF não ter me dito nada sobre os tratamentos disponíveis, não ter feito nenhum prognóstico, nada além da frase seca *você tem câncer*. Geralmente a mais quieta das minhas duas irmãs, ela teve que encarar muitas dificuldades em sua própria vida – criou dois filhos sozinha –, e venceu-as de forma admirável. Ela também é daquele tipo: "Quando é boa, é ótima; mas quando é má, é melhor ainda". Como minha irmã C, ela chorou um pouco, também, mas quase imediatamente já estava pensando no que poderíamos fazer.

– Vou ligar para um amigo meu, médico – disse ela –, para saber mais sobre essa coisa carcinoide.

Ela me fez soletrar o termo o melhor que pude. Recusou-se a crer que não havia tratamentos alternativos disponíveis, e insistiu que eu também adotasse essa abordagem.

– Vou fazer umas perguntas na segunda-feira – ela declarou firmemente. – Existem medicamentos novos, hoje eles fazem cirurgia para todos os tipos de câncer; deve ter alguma coisa que possa ser feita.

Ela tinha ouvido falar sobre clínicas especializadas em câncer nos EUA e sobre técnicas alternativas. Sua atitude ativa e a determinação da sua voz eram animadoras. Nós obtemos esperança de todo tipo de coisa: de um toque no momento certo, de compaixão, de as pessoas nos lembrarem de que a maioria dos que sobrevivem ao câncer tem determinação para vencê-lo e atitude positiva. A prontidão dos entes queridos de assumir a coisa conosco, de arcar com um pouco do peso, está lá em cima na lista.

– Sei que não é fácil – disse S antes de desligar –, mas não fique abatido com isso antes de saber quais são as possibilidades. Estamos todos com você. Pegaremos dinheiro da herança, se precisarmos, e lhe proporcionaremos o melhor tratamento possível.

Como K, ela estava pensando no futuro, no tempo em que tratamentos caros pudessem ser necessários. Eu estava tão mal, que ainda nem tinha considerado que dinheiro pudesse ser um problema.

K fez uma massagem nos meus ombros. Há anos íamos a um massoterapeuta, EB, um homem que nos ajudara em épocas emocionalmente difíceis, e depois de terminar a massagem, ela disse:

– Marque com EB na primeira hora da segunda--feira.

Intuitivamente, ela sabia que eu precisava das suas mãos fortes e de sua presença reconfortante. Dormi melhor do que imaginara ser possível. A exaustão nervosa levou à prostração.

Na tarde seguinte, minha irmã S apareceu com uma garrafa de vinho e um livro de bolso, *Com a vida de novo: uma abordagem de autoajuda para pacientes com câncer*, de Carl. O. Simonton. Ela contou que Simonton tinha uma famosa clínica de recuperação de câncer nos Estados Unidos. Seu livro expunha alguns dos procedimentos usados naquela instituição e alguns conselhos dados aos recém-diagnosticados. Minha irmã insistiu

CÂNCER: UMA MONTANHA-RUSSA ASSUSTADORA

para que eu aceitasse. Ela tinha vindo do seu bairro até o nosso em seu sedã velho, com manchas de ferrugem – eu até conseguia ouvir o barulho do motor do carro enquanto ela falava. Ela não ficou muito tempo, mas disse: – Leia o livro. No mínimo, vai fazer você se sentir melhor. Outras pessoas já passaram por essa estrada e chegaram ao outro lado.

Ela me deu um olhar direto e sóbrio – e então piscou! Tinha um folheto dobrado na bolsa. Estava impresso em papel azul e dizia: "Aprenda a meditar de graça!". Além de concluir que minha irmã era uma pessoa maravilhosa, senti algo parecido com o chão escapando sob meus pés. Um rebento dos anos 1950, eu fora criado para esperar certas coisas de mim mesmo como homem – autoridade e coragem, entre outros atributos. No meu núcleo familiar, eu tinha sido a tradicional história de sucesso. Apesar de ambas terem tido seu quinhão de sucesso, minhas irmãs costumavam ver a liderança da família em mim; até mesmo meu pai havia me procurado para aconselhá-lo em momentos importantes. Logo, era incomum eu ser o membro frágil do grupo, o que precisava de consolo, o que recebia ajuda e conselhos. O elo mais fraco. Percebi confusamente que se estava iniciando um novo papel em minha vida.

73

Dei um abraço na minha irmã e prometi ler o livro. Quanto à meditação, pensei também: "Que diabos!". As aulas começavam depois do Natal.

* * *

— Minha amiga morreu.

— Esse tom é inconveniente.

— Minha amiga morreu e foi você que a matou.

— Ah, mais acusações, meu rapaz...

— Cale a boca e ouça: morta aos trinta e dois anos.

— Talvez ela tenha aprendido alguma coisa sobre si mesma antes de morrer, talvez...

— Ouça. Ela me telefonou. Tinham retirado tumores da sua língua e garganta. Ela mal conseguia falar. Mas estava cheia de esperança e aguardando uma cirurgia. Ela tinha fé, queria acreditar na vida. Foi terrível.

— Você está histérico.

— Ela era linda. Tinha apenas trinta e dois anos. Adorava mergulhar. Sua alegria de viver fazia seus olhos brilharem. Ela era alegre e adorava viver. Teve um filho apenas um ano antes.

— Sabe, às vezes ocorre um desequilíbrio hormonal após o parto, daí...

– Não, escute aqui. Ela adorava viver; era uma boa mãe; fazia as pessoas rirem.

– Você não tem como saber o que realmente estava acontecendo na vida dela.

– Eu sei que ela amava o filho, o marido, os amigos e o trabalho, e agora ela está morta!

– Chiliques de criança mimada. "Muito inconveniente".

– Odeio isso que você diz: "meu rapaz, que inconveniente". Eu abomino o seu ar superior. Seu tom me enoja. Mais ainda, desprezo o que você representa.

– O que seria...?

– Racionalizações intelectuais insinceras sobre os fatos. Você é o doutor Goebbels do Setor de Oncologia.

– Ah, meu querido. Quanto amargor. E eu que pensei que estávamos fazendo progressos...

– Não me enche!

– Meu rapaz, você está ficando irracional.

– Tenho todo o direito de ser irracional. CP está morta! Você a matou.

– Como queira.

Cartilagem de tubarão e Essiac[1]

*Dificilmente uma pessoa fica doente
sem que os que estão em volta não sejam animados
por uma tênue esperança de que ele morra.*
Ralph Waldo Emerson

1.

Cerca de uma semana após ter contado às minhas irmãs sobre o câncer, estava falando com meu amigo D ao telefone. Nós tínhamos sido colegas na universidade anos antes. Ele ainda lecionava lá. Inevitavelmente, ele perguntou: "Como você está?". Era um momento delicado. Ao longo de todos os anos em que nos conhecíamos, quase vinte, nós tínhamos mantido uma amizade masculina convencional, com recíproco, porém, reservado apoio ao longo de crises conjugais e profissionais

---

[1] Remédio à base de plantas, usado como alternativa no tratamento do câncer. (N.T.)

de vários tipos. Nós tínhamos bebido alguns uísques e cervejas ao longo do tempo; como era de se esperar, porém, homens da nossa geração e origem (nórdica) não demonstram muito os sentimentos. Mas alguma coisa estava começando a mudar em mim nesse sentido, assim como em outros. Então contei para ele.

– Meu Deus! – disse ele. – Como é o nome, mesmo? – ele procurou uma caneta e então me fez soletrar "síndrome carcinoide". – Meu sobrinho, KT – disse ele –, trabalha em uma empresa farmacêutica. Talvez ele saiba de alguma coisa e possa ajudar. Você se lembra de KT?

Eu me lembrava. Nós tínhamos conversando várias vezes, bebendo no bar; ele era um cara legal que tinha largado uma brilhante carreira de cirurgião para trabalhar para uma grande empresa farmacêutica. Mas o que é que um cara comum, por mais legal que seja, que trabalha para uma empresa de remédios pode fazer por uma vítima de câncer?

KT, como veio a revelar-se, era tudo, menos um cara comum.

Na noite seguinte, mais uma ventosa e fria noite de planície, D apareceu na porta da nossa casa, com seus cabelos e barba compridos e brancos revoltos ao vento inquieto. Um homem chegando aos sessenta anos, ele tem bem mais de um metro e oitenta de altura e define perfeitamente o termo *mesomorfo*: um homem que enche a soleira de uma porta com sua presença e um aposento com sua personalidade. Ele segurava dois grandes fichários contra o peito.

— Eu não vou entrar – disse ele –, mas KT queria que você recebesse isso. Não tenha medo. Leia. Ele disse que você contraiu um câncer raro, mas não é uma variedade devastadora e pode ser controlada com um medicamento que lhe pode dar muitos anos de sobrevida.

Ele me estendeu os fichários, envoltos em plástico escorregadio, volumosos e pesados, abarrotados de relatórios médicos sobre tumores carcinoides, talvez quinhentas páginas de leitura, no total.

Levei tudo aquilo para dentro e joguei em cima da minha mesa. Ler tudo aquilo pareceria uma tarefa hercúlea, mesmo em melhores tempos. Quando se é diagnosticado com uma doença com risco de vida, a descoberta desgastante e a ansiedade que se segue sugam sua energia. Simplesmente chegar ao fim de um dia normal nas primeiras semanas pode já ser o máximo possível: a tendência é ficar exausto. Assim, pilhas de leitura podem parecer uma perspectiva desafiadora. Acho que é por isso que Carl Simonton, em um de seus livros, sugere que os pacientes com câncer tenham uma "equipe", um pequeno grupo de apoio formado por familiares e amigos saudáveis, o qual leia as coisas antes do paciente, minimizando, por assim dizer, a carga de trabalho de se familiarizar com sua enfermidade. (Simonton também sugere que, sempre que possível, um membro da equipe do paciente – cônjuge ou filho adulto – converse com os médicos e as outras pessoas da área, também diminuindo o fator de estresse para o paciente – fazendo o meio de campo.) Esse é um bom conselho. Lidar com os aspectos físicos da sua condição é uma tarefa exigente. Acrescente a isso o labirinto psicológico em que se entra – medos e ansiedades a respeito de dor, sobre a duração da vida, sobre o fim da carreira, o impacto familiar –, e o paciente tem que ser um espécime incomum para não se sentir constantemente moído e desgastado. Isso é um fato, especialmente nos primeiros seis meses, mais ou menos, após o diagnóstico.

Quando minha irmã S trouxe os livros de Simonton, eu os coloquei na minha mesa de cabeceira. Quando meu amigo MD me deu *A força curadora da mente*, de Norman Cousin, eu agradeci e reservei o livro para atenção imediata, também. Quando um sobrinho me trouxe artigos sobre cartilagem de tubarão e Essiac, eu os li e discuti com K a possibilidade de comprar um pouco dos dois. Todos estavam sendo muito prestativos. Mas já dava para ver que ter câncer estava virando uma nova carreira para mim, um estudo, um projeto de vida. Haveria pouco tempo para angústia e autocomiseração.

Algumas manhãs depois, comecei a folhear os fichários que D tinha me levado. Havia folhetos lustrosos descrevendo vários tipos de câncer pancreático e de fígado, tumores endócrinos – com ilustrações a cores de lesões e tumores. Essas coisas exigem estômago. ("Seção transversal do íleo com vários carcinoides pequenos na mucosa: observe a aparência discoide de alguns dos tumores.") Algumas afirmações e frases sobressaem dessas publicações: "Em nosso experimento com 103 pacientes, 39 morreram em um período de observação de oito anos". Ou: "Regressões completas só foram observadas

CÂNCER: UMA MONTANHA-RUSSA ASSUSTADORA

ocasionalmente". Tais afirmações levam você a mergulhar em uma espiral descendente. Algumas expressões fazem a pessoa estremecer de ansiedade: *neoplasia cervical, carcinoma escamoso de célula cutânea, melanoma maligno*. Belas palavras, de certo modo, musicais, mas também assustadoras. Destaquei passagens com caneta marca-texto para estudo posterior e tentei não pensar muito em seções intituladas: Mortalidade, Efeitos Colaterais, Doença Autoimune, Óbito. Informação, porém, nunca é algo ruim, e quando emergi dos fichários, cerca de uma semana depois ("um homem mais triste e mais sábio", como disse um poeta), eu tinha uma noção bastante boa sobre como a síndrome carcinoide começa, como se desenvolve do surgimento até a mortalidade, a incidência da morbidade, e quais métodos de tratamento tinham tido os resultados mais animadores até o momento.

D me ligou e falou brevemente comigo. Desde que tinha me dado os fichários, ele estava preocupado que talvez fosse demais para mim, talvez a ponto de me deprimir, e ficou aliviado ao ouvir que, de modo geral, eu me sentia melhor por ter lido o jargão detalhado e exótico dos periódicos médicos que KT tinha reunido para mim. Eu sentia que o conhecimento que ganhara tinha me deixado mais forte em relação ao câncer dentro de

81

mim. Talvez, conhecer os parâmetros gerais da doença me equiparia melhor para encarar os piores aspectos das mudanças físicas que estavam por vir e, ao mesmo tempo, me habilitaria a discutir inteligentemente com meus médicos sobre os tratamentos e alternativas possíveis. Apesar de abalado pelas minhas perspectivas de um tempo de vida normal, estava inclinado a concordar com algo que Francis Bacon uma vez disse: "Conhecimento é poder".

– Obrigado, D – disse eu. – Luz é melhor que escuridão.

A essa altura, a época do Natal já tinha passado. Logo depois, K, A e eu viajamos para o México, onde nos refestelamos no mar e pegamos sol por duas semanas, bebendo cerveja e cubas-libres, e o peso que tinha oprimido a nós todos desde o meio de dezembro aliviou. Quando voltamos para casa, K passou algum tempo lendo livros sobre hábitos alimentares e neuropatia, e conversou longamente com um tio de Vancouver que tinha mudado sua dieta após ser diagnosticado com um câncer, que depois regrediu até desaparecer. Estávamos planejando uma consulta com um fitoterapeuta; eu começaria o curso de meditação no início de fevereiro e estava animado.

CÂNCER: UMA MONTANHA-RUSSA ASSUSTADORA

Um dia, não muito depois do nosso retorno, havia uma mensagem de KT na secretária eletrônica, pedindo-me que ligasse para ele. Antes de eu conseguir agradecer direito pelos fichários que tinha me enviado por D, ele anunciou que tinha combinado de o doutor KO vir visitar a comunidade oncológica em Winnipeg e estudar meu caso comigo e meus médicos. No início, não consegui absorver a informação: o doutor KO é a maior autoridade do mundo em síndrome carcinoide. Sua clínica em Uppsala, Suécia, realiza a mais avançada pesquisa e tratamento de tumores neoendócrinos e carcinoides. Ele tem mais experiência com pacientes carcinoides que qualquer médico – e por um período de tempo maior. KT disse:

– O doutor KO estará aqui em cinco de março, e ele gostaria de conhecer você.

Nas semanas seguintes, passei muitas horas estudando os artigos do doutor KO: queria familiarizar-me com seus estudos de caso e dominar os fatos. Uma visita à biblioteca da faculdade de medicina e algumas horas na internet me equiparam com muita informação sobre a doença e tentativas de tratamento.

Na hora marcada, eu estava sentado em uma sala de palestras da faculdade de medicina com talvez vinte oncologistas. Alguns estavam fazendo anotações;

outros, apenas escutando, como eu. Todos, exceto KT, eu e o doutor KO, usavam jaleco branco. O doutor KO, que falava o inglês irrepreensível que se aprende com professores britânicos no exterior, deu um panorama direto, profissional e preciso sobre a etiologia e sintomatologia da síndrome carcinoide. Ele viera equipado com uma apresentação de *slides* – mais ilustrações um pouco nojentas de órgãos doentes – que incluía vários gráficos e tabelas. A sua apresentação durou quase uma hora. Seguiram-se as perguntas. Eu não tinha coragem de fazer as poucas que tinha. Então, KT, que tinha apresentado o doutor KO, esgueirou-se para onde eu estava sentado e disse que haviam gravado um vídeo da apresentação, que eu poderia receber uma cópia, se quisesse. Eu queria. KT disse que iria providenciar.

Mais tarde, naquele mesmo dia e em outro lugar, o doutor KO estudou o histórico do meu caso, na minha presença e na de um grupo seleto de oncologistas, incluindo o doutor KK. Era estranho ver minhas entranhas em uma enorme tela de projeção e os doutores KK e KO apontarem para lugares em uma seção transversal do meu fígado e discutirem o progresso da doença e possíveis tratamentos. Na conclusão de uma breve apresentação, o doutor KO notou que eu estava na sala;

CÂNCER: UMA MONTANHA-RUSSA ASSUSTADORA

uma onda de satisfação, misturada com certa confusão, passou pelos médicos de jaleco.

– Você tem alguma pergunta? – o doutor KO queria saber de mim. Perguntei se poderia beber vinho.

– Se já fazia isso antes, é claro – disse ele –, divirta-se, curta a vida.

Fiquei mais ousado e perguntei:

– Qual é o maior tempo que um paciente seu sobreviveu com síndrome carcinoide?

Seus olhos brilharam e ele disse, em seu inglês irrepreensível:

– Um homem que diagnosticamos em 1984 está bem e pretende viver muitos anos mais.

Depois que a reunião se desfez, nós apertamos a mão um do outro. Os doutores KK e KO tinham mais a discutir. KT me entregou o DVD que haviam gravado da apresentação anterior. Ele me disse que tinha feito anotações da discussão do meu caso e me enviaria um resumo. Deixei a faculdade de medicina em alto astral, em vários aspectos. Conhecer o doutor KO era somente o mais óbvio deles. Ouvi-lo discutir meu caso e usar expressões como "saúde geral superior", "diagnóstico precoce encorajador" e "excelentes perspectivas" era exatamente o que eu precisava nas fases iniciais do meu diagnóstico. Houve muitos dias em que eu lamentara minhas perspectivas desanimadoras de chegar aos sessenta anos, ver meu filho se formar do colégio, então, essa foi uma compensação bem-vinda.

Naquela noite em casa, contei para K os acontecimentos do dia.

– Tem uma luz no seu rosto – disse ela – que eu não via há vários meses.

Não era só meu rosto que estava iluminado. Por várias semanas, senti-me fisicamente recomposto. Talvez eu seja um daqueles otimistas incorrigíveis e teria enfrentado esta doença de qualquer jeito. Mas a visita do doutor KO me encheu de otimismo e me carregou de uma energia que persiste até hoje. A autoridade mundial na minha doença estava do meu lado, em minha equipe ampliada.

É difícil elogiar KT o suficiente. Ele tinha me dado todo aquele material para ler e presumira que eu estaria à altura do conteúdo e de suas subdivisões. Não tinha falado de cima para baixo comigo sobre a doença ou sobre o remédio que o doutor KO me recomendou para combatê-la. Tinha se desdobrado para organizar a visita do doutor KO. Eu era, afinal, apenas um conhecido de bar. Ele fez questão de que eu estivesse na plateia no dia da fala do doutor KO e tinha me dado, além da gravação em vídeo da apresentação, um resumo conciso das observações do doutor KO sobre o meu caso – e suas recomendações para o tratamento. Após o evento, falou comigo por telefone e se virou bem com uma dúzia de perguntas que eu tivera vergonha de fazer na presença dos oncologistas. Uma semana depois, mais ou menos, saí para tomar um café com D. Eu lhe disse que considerava KT um santo.

– Sem exagero – eu disse –, ele me deu esperanças para ir adiante.

Não estava dizendo isso simplesmente para deixar D contente com seu sobrinho: família, amigos, conhecidos que se dispõem a nos dar apoio em nossas crises são absolutamente vitais em nossa sobrevivência e recuperação. Nós não só nos beneficiamos de uma equipe, como precisamos dela; e quanto mais pudermos fazer para obter uma, melhor nos sairemos. Assim, repeti para D, apesar da minha costumeira aversão a termos como *gênio*, *obra-prima* e similares:

– KT é um gênio.

Como disse, nós não costumamos demonstrar emoções ou falar de modo sentimental. D disse, suavemente:

– Ele é um sujeito maravilhoso, o KT.

Ele teve que segurar sua caneca de café com ambas as mãos, antes de beber; então mudamos de assunto.

2.

Os amigos nos ajudam achando coisas para nós nos jornais, nas revistas ou na televisão; às vezes, eles também nos trazem coisas que podem ajudar nos tratamentos que estamos fazendo: novos itens, publicações, remédios alternativos. Eles agem em nosso nome, pesquisando na internet, por exemplo, ou consultando um médico de outra especialidade. Essas são intervenções diretas na nossa terapia, e muito úteis: D e KT são exemplares nesse sentido. Mas os amigos desempenham uma função muito mais ampla, apesar de indireta, quando estamos sofrendo de uma doença com risco de vida.

Alguns anos atrás, um jornalista médico chamado Norman Cousins foi diagnosticado com uma doença rara: suas células estavam, literalmente, quase se desfazendo por causa de uma doença de colágeno. Hoje talvez chamaríamos isso de "doença devoradora de carne". De qualquer modo, Cousins tomou duas medidas imediatas para lidar com sua situação. Seguindo o exemplo de Linus Pauling, Cousins começou imediatamente a ingerir doses cavalares de vitamina C, um antioxidante que inibe a função dos radicais livres que quebram a homogeneidade das células. Essa foi uma intervenção fisiológica direta. A segunda coisa que Cousins fez foi

CÂNCER: UMA MONTANHA-RUSSA ASSUSTADORA

talvez menos orgânica: fã dos Irmãos Marx desde sua adolescência, ele levou todos os filmes deles para seu quarto de hospital e assistia ao menos um todos os dias. Ele estava, como escreveu em seu livro *A força curadora da mente*, tentando ficar bom de tanto rir. E deu certo. Rir é um remédio poderoso. Para rir, temos de estar distraídos – ou seria mais exato dizer que temos de ficar tão focados em uma situação cômica que momentaneamente esquecemos todas as outras? Pacientes com doenças terminais tendem a ficar totalmente envolvidos por elas – consciente e inconscientemente se preocupando com o que está acontecendo dentro de seus corpos. A risada rompe esse casulo de ansiedade que tecemos em torno de nós mesmos. Por um momento, saímos de nós. A risada também nos lembra de que a vida é uma grande comédia, que sempre há algo de que se rir ou sorrir, que aproveitar cada momento que passa é um modo de vida. Em resumo, ela nos liberta da bagagem mental que carregamos por aí a respeito do nosso "caso". É também uma descarga física. Para rir, você tem que soltar os músculos. E, percebendo ou não, como vítima de uma doença mortal você gasta muita energia muscular (consciente e inconsciente) se contraindo. Enrijecemo-nos de ansiedade e temor. Além disso, transformamo-nos em punhos cerrados de determinação; pretendemos derrotar a coisa ruim que há dentro de nós. Retesamos os músculos, especialmente os do tronco, pescoço e barriga, para estar à altura do desafio da doença, tornando nossos corpos bolinhas resistentes contra a enfermidade, como um tatu-bola. Mas, às vezes, precisamos relaxar, e rir é um veículo perfeito para essas descargas. Norman Cousins realmente ficou bom de tanto rir. Sua estratégia louca talvez não seja para todos, mas certamente vale uma tentativa.

Amigos desempenham uma função indireta similar. Os amigos se encontram conosco e falam sobre temas de interesse global, que não têm nada a ver com nossa saúde. Os amigos nos lembram de vivências passadas,

CÂNCER: UMA MONTANHA-RUSSA ASSUSTADORA

quando rimos juntos ou fizemos alguma loucura que, vista à distância no tempo, parece tão ridícula quanto as bobagens artificiais dos seriados de TV. Um amigo meu, R, tomou café comigo e passamos uma hora conversando, rindo, nos provocando e revivendo nossas histórias. Nós nos conhecemos desde o segundo grau. Ele teve um irmão e um cunhado que morreram de câncer: assim, ele passou por duas experiências diferentes, mas igualmente reveladoras, com câncer e, depois, morte. Quando ele fala sobre eles, cofia o queixo, escolhendo cuidadosamente as palavras. Ele é sensível, imparcial e sábio. Ele me dá outros pontos de vista. Seus conselhos não têm preço.

Amigos contam piadas. Os amigos nos envolvem em intensas conversas sobre coisas que nos interessam – em meu caso, arte, literatura, escritores e esportes. Eles nos tiram de dentro de nós mesmos e nos levam ao que energiza e enriquece nossa vida. Os amigos fazem coisas com a gente: um amigo e eu planejamos viajar à Flórida na próxima primavera para assistir ao rito do treinamento anual de primavera de beisebol. Em resumo, os amigos são os agentes através dos quais nós nos interessamos pela vida – no caso de pacientes com câncer, nos reinteressamos por ela.

Grandes mudanças podem acontecer quando você tem uma doença com risco de vida. Mudanças significativas *de fato* ocorrem. Ninguém diagnosticado com câncer continua o mesmo depois. Ficamos mais pensativos; ficamos mais cientes da nossa mortalidade; valorizamos os entes queridos e ficamos mais tolerantes para com seus pecadilhos – e com os nossos também. Hoje, quase todos os dias olho para o espelho, quando estou escovando os dentes, e vejo um homem que não teria reconhecido há uma década: menos autossuficiente (talvez *arrogante* seja uma palavra melhor) do que quando tinha vinte anos, mas também com mais entendimento da vida e satisfeito com si mesmo. Também ficamos de pavio mais curto; sentimos a raiva se acumular dentro de nós; podemos nos tornar sombrios e caprichosos; podemos ficar mais céticos do que éramos antes – ou mesmo cínicos, de vez em quando, vendo a vida sob uma luz menos intensa. Nossos amigos percebem tudo isso. Todos eles notam que não somos os mesmos de antes; alguns deles tentam nos ajudar nos momentos difíceis; a maioria vê que a dinâmica da relação compartilhada antes do diagnóstico mudou e vai continuar mudando à medida que lutarmos com a dor e a mortalidade; alguns ficam confusos e, não sabendo como lidar com as mudanças, distanciam-se. Isso é muito triste: sentimos que

os amigos deveriam ficar do nosso lado – mas provavelmente é mais importante permanecer focado na questão principal, a saúde, do que remoer a perda de um único amigo que não está à altura do desafio de reinventar a amizade.

Se os amigos são fundamentalmente importantes para quem tem câncer, eles são igualmente valiosos para os parentes e cônjuges de quem sofre a doença. Todas as pessoas ligadas ao paciente de câncer têm dias ruins – ansiedades, medos, depressão, perda de fé. Os pacientes de câncer têm o direito de esbravejar, chorar, amaldiçoar os deuses e sua má sorte – bater portas, gritar de desespero e praguejar contra a injustiça da vida. Eu me comportei pessimamente em várias ocasiões desde o diagnóstico. Talvez todos o façam. Certa vez, quando eu estava em uma clínica, testemunhei um incidente memorável. Na sala de consulta ao lado daquela em que eu estava esperando meu oncologista, uma paciente perdeu o controle: ela gritava com seu médico, jogava objetos, xingava, e acabou chorando de desespero. Sua filha, que a acompanhava, tentou acalmar a mulher, e por sua solicitude foi chamada de "vadia metida". Eu me lembro de ficar sentado bem quieto durante o ataque da mulher: o suor brotava dos dorsos das minhas mãos e descia pela minha testa. Eu recordei a minha própria fúria em certas ocasiões, e também me lembro de não achar isso ruim, às vezes realmente não há nada a fazer além de uivar como um animal ferido. Contudo, enquanto pacientes com câncer têm a permissão para dar vazão às suas raivas, exige-se que os cônjuges dos pacientes sejam o ombro leal para se chorar, a voz da razão e o paladino da esperança. Não é realista esperar esse comportamento exemplar de qualquer pessoa – portanto, os amigos são um recurso inestimável para companheiros e outras pessoas que estão conosco na luta: aos seus próprios amigos, nossos companheiros e parentes podem expressar sua apreensão, revelar seu desânimo, chorar por causa de sua própria falta de perspectivas, e assim por diante (até mesmo, de vez em quando, amaldiçoar a pessoa que tem câncer, que lhes onerou com seu terrível fardo). Todas essas são fragilidades humanas legítimas que eles não podem revelar na frente do doente. Pode ser particularmente útil para um companheiro ter um amigo – ou fazer um – que esteja passando por uma experiência similar. Todos precisamos de apoio, e amigos sólidos, sensatos e calmos podem ser uma fonte de força tanto para os pacientes quanto para aqueles mais próximos deles.

* * *

– Então, meu rapaz, quanto tempo. Está de tromba?

– Andei meditando, tentando entender o que você quis dizer com outra maneira de ver as coisas – outra maneira de ver o motivo por que você apareceu.

– Vou dizer de novo: vim para me desenvolver, florescer.

– Argh! Eu odeio seus sofismas, sua pirotecnia verbal. Chegou a hora, florescer...

– Ok. Há coisas que odeio em você. Mas ao menos está calmo hoje. Vamos lá, então.

– Ok. O fato de você ter me invadido...

– Sem xingamentos, está bem? Sem ceninhas.

– Ok. O fato de você estar aqui muda as coisas... Tive que reavaliar minha vida.

– Sim. Você teve que reconhecer que não é imortal. E teve que parar de viver do jeito que vinha fazendo.

– Admito essa parte. Tive que beber menos, por exemplo, mudar hábitos alimentares e parar de abusar do meu corpo com horários malucos e comidas duvidosas: refrigerante, frituras, comida processada, álcool.

– Viu? Viver melhor, em outras palavras.

– Pelo amor de Deus! Você quer levar o crédito por isso?

– Por tudo que você quiser ceder.

– Para mim, isso é uma grande bobagem.

– Essas reclamações de adolescentes, francamente... Mas você admite que aprendeu alguma coisa, que cresceu.

– Eu não quero admitir. Mas, em alguns aspectos menores, agora me conheço melhor.

– Em alguns aspectos menores?

– Tive que diminuir o ritmo da minha vida; tive que me reexaminar. Havia coisas em que acreditava e fazia que fui obrigado a reavaliar, recuar e admitir que não eram a única maneira de fazer as coisas – de ver as coisas. Tive que pensar sobre a mortalidade, a minha própria e a dos outros. Tive que pensar no mundo – nas pessoas de que gosto – vivendo sem mim. É uma ideia dolorosa. Todos querem viver. Para o ser humano, viver é tudo. Tive que ponderar o que fiz e o que sou.

— Daqui a pouco, vai dizer que compreendeu o sentido da vida.

— Você é um chato, sabia? Você diz que tenho uma atitude rebelde, e aí tenho que ouvir esse monte de besteiras.

— Só criei um clichê a partir da sua observação.

— Só reconheci que tive de olhar para dentro de mim mesmo.

— Ok. Você olhou para dentro de si mesmo; você cresceu.

Octreotida e corações de porco

*Cada paciente carrega
seu próprio médico dentro de si.*
Albert Schweitzer

Uma das coisas realmente incríveis da vida moderna é que você pode instantaneamente entrar em contato com pessoas que sofrem da mesma doença que você em qualquer lugar do mundo. Quase imediatamente após eu ser diagnosticado, meu amigo D me ligou e perguntou:

— Você tem acesso à internet, não?

Eu tinha, mas então, em 1994, não sabia como fazer para usá-la em meu benefício. Confessei-o a D.

— Venha até meu escritório — disse ele —, e vamos ver o que podemos fazer.

Eu fui. Nós procuramos por *síndrome carcinoide*, *câncer gastrointestinal* ou outras coordenadas do gênero, e em alguns minutos — o que me maravilhou na época, e até hoje — apareceu o nome de T, uma australiana que

CÂNCER: UMA MONTANHA-RUSSA ASSUSTADORA

também tinha sido diagnosticada com tumor carcinoide e estava tentando se conectar com outras pessoas com a mesma doença. Nós trocamos mensagens. Ela me disse que lecionava em uma universidade onde vivia, tinha uma filha adolescente e queria compartilhar informações com pacientes carcinoides. Nós trocamos detalhes sobre nossos casos: quando fomos diagnosticados, onde estávamos na "curva" da doença, que tratamentos já tínhamos experimentado até então e quais esperávamos tentar no futuro.

Tudo isso era empolgante – e, mais importante, reconfortante – para mim. T era a primeira pessoa de verdade que conhecia que tinha contraído o mesmo câncer relativamente raro que eu tinha. Éramos companheiros de sofrimento, duas pessoas que podiam dizer: "Eu tenho esta doença nos intestinos e fígado e sinto-me assim ou assado a respeito". Ninguém próximo a você consegue ter essa ligação. É um alívio, uma satisfação. Em algum ponto de nossa segunda ou terceira troca de e-mails, T perguntou: "Você conhece JM?". Eu não conhecia. A mãe de JM fora paciente carcinoide, com diagnóstico tardio. JM cuidou dela em seus últimos anos, mas não se contentou em ficar parada e assistir passivamente sua mãe sucumbir ao câncer. Além de levar uma vida profissional ativa e servir de consolo para sua mãe doente, JM

99

tinha se tornado uma central de pacientes carcinoides. Americana, ela estava em contato com doentes de todo o mundo; ela tinha endereços de e-mail e telefones de oncologistas de qualquer lugar nos EUA e, além disso, coordenou a criação de uma linha direta para pacientes de síndrome carcinoide: se você discasse certo número e inserisse um código secreto, podia participar de uma reunião aberta na noite do segundo sábado de cada mês, a partir das oito horas.

JM era muito alto-astral. Nos e-mails, ela escrevia coisas como: "Saudações, Wayne, é um prazer tê-lo a bordo". Ela me deu uma lista de endereços de e-mail e acesso a dezenas de outros pacientes carcinoides, com quem inicialmente compartilhei informações sobre tratamentos e, mais tarde, discuti como era ser um paciente com câncer. Logo após eu ter entrado para o círculo de JM, por exemplo, B escreveu dizendo que ia para o hospital fazer uma operação no fígado. DD lhe escreveu, dizendo: "Estamos ansiosos para ter notícias suas na quarta-feira", o dia seguinte à cirurgia de B. SA escreveu a B: "Tenha fé. Lembre-se de que E passou por isso no ano passado e saiu melhor do que entrou". Recordo que era tudo um pouco carinhoso demais para o meu gosto – tapinhas nas costas e encorajamento para alguém que você não conhecia nem nunca tinha visto.

Eu tinha sido criado no mundo do meu pai, definido por conselhos como *Nunca abaixe sua guarda, nunca mostre suas fraquezas para eles* ("eles" eram o outro time, o chefe, os bancos, o governo, e assim por diante). Mas consegui juntar minha voz hesitante ao grupo: "Boa sorte, B". Ainda bem que consegui. Ele escreveu de volta na quinta-feira seguinte: "Estou fraco, então vou ser breve. Obrigado, Wayne. Quando entrei na cirurgia, era como se todos vocês estivessem em volta do leito, segurando minha mão. As coisas mais pequenas ajudam".

JM me pôs em contato com dois homens que ela pensava que tinham mais em comum comigo do que as dezenas de outros pacientes carcinoides ligados ao seu grupo. V era um professor de escola de trinta e dois anos que almejava ser escritor. Ele vivia na costa leste dos EUA com sua esposa. Eles debatiam se deviam ter filhos, uma decisão difícil quando se tem uma doença com risco de vida. A situação de V era mais séria que a minha. Ele fora diagnosticado quando começou a ter dores no peito: as valvas do seu coração tinham começado a se deteriorar como resultado da atividade hormonal/peptídica de seus tumores. Ele tinha recentemente trocado uma valva pela valva do coração de um porco, mas isso não deu tão certo quanto se poderia esperar — essa valva também estava rapidamente se deteriorando, e V estava esperando uma segunda operação, novamente para receber uma valva de porco. Ainda assim, ele mantinha a fé, continuava a lecionar e estava começando a escrever um livro sobre sua cidade natal, Baltimore. Por e-mail, ele me disse que detestava ter que injetar octreotida, um depressor de sintomas, duas ou três vezes ao dia. "Eu odeio", escreveu ele, "mas fazer o quê?"

L vivia em algum lugar de Montana. Tinha quarenta e poucos anos, e era um advogado que, com sua mulher, estava criando duas meninas orientais adotadas. Como V, sua situação estava mais adiantada que a minha. Ele tinha muitos rubores e diarreia grave, e precisava se injetar octreotida subcutaneamente três ou mais vezes durante o dia de trabalho. Ele fazia isso em segredo. Não havia contado para ninguém em seu trabalho que tinha câncer. Não tinha contado para suas duas garotinhas. Eu não achei isto surpreendente (*Nunca abaixe sua guarda, nunca mostre suas fraquezas para eles*), embora achasse – e ainda ache – o segredo um jeito de lidar com o câncer menos positivo que outros. Revelar. Encará-lo.

Quando eu era mais jovem, talvez tivesse pensado como L: que a minha vida pessoal não deveria interferir na minha vida profissional. Foi o que nos ensinaram. Você tem duas trilhas paralelas que constituem sua

Sandostatin, Symptoms, & What Ails You

Sandostatin—most of us are on this drug to control the symptoms of the carcinoid syndrome: diarrhea, flushing, and wheezing. But what do we know about this drug? Well, we all know one thing: it's *expensive!* The good news is that there are new forms coming to market, one which should be cheaper, and researchers continue to tinker to improve the drug.

The basic drug that we use is called Sandostatin, named after the drug company that developed it, Sandoz Pharmaceuticals. (After a corporate merger, the company changed its name to Novartis.) Sandostatin is the *trade* name for the drug octreotide; octreotide is the generic name. Octreotide itself is but one form of the parent drug, somatostatin. Therefore, octreotide is but one of many forms of somatostatin. (In "Doctor Speak," it's a somatostatin *analogue.*) These artificial forms of somatostatin are not foreign to our bodies, for they try to mimic our body's *own natural* somatostatin.

On To The Hormones

But how does Sandostatin work? First, we must understand our tumors.

Carcinoid tumors are strange buggers in many ways. Like tumors in other forms of cancer, carcinoid tumors do grow. But carcinoid tumors have another "trick"—they produce a rich brew of hormones, each which your tumor may or may not produce, and each of which may or may not produce side effects. Some of these substances are:

- serotonin
- substance P
- chromogranin A
- histamine
- enkephalin
- dopamine
- kallikrein
- prostaglandin
- neurotensin
- neurokinin A & neurokinin B
- neuropeptide K & neuropeptide Y
- motilin
- gastrin releasing peptide (GRP)
- ACTH
- VIP
- & More!

continued on page 4 ▶

In This Issue...

Sandostatin, Symptoms, & What Ails You	1
The NCSG	2
Notes From The Editor	3
'Tis Time To Stop Needling Us	12
Bombs Away!	14
Meet The OctreoScan	16
In Search Of	24
A "Postcard" From A Friend	25
A Round Table On Hearts	26
An Affair Of The Heart	29
Book Corner	32
In Memory Of Our Friends	34
Glossary	35

---

existência, e elas não devem se misturar. Possivelmente, a maioria dos homens pensa assim, pelo menos os homens jovens. Talvez eles pensem que revelar esse tipo de coisas é também revelar fraqueza, ou implorar comiseração: não é. Assim, hoje penso diferente sobre revelar. É sua vida pessoal, não é? E não admitir que você é vítima de uma doença, um paciente, que você é frágil, é negá--la, é fingir que essa terrível – uso a palavra conscientemente – cadeia de acontecimentos não está acontecendo com você. Será essa realmente a melhor maneira de lidar com uma experiência de vida tão crítica?

Ainda assim. Uma das coisas que se aprende rapidamente quando se tem uma doença terminal é que todo mundo age diferentemente em relação a questões como revelação e envolvimento em tratamentos. L tem tanto direito a sigilo quanto B tem direito à franqueza. Olhe que interessante: cerca de dois anos após meu primeiro contato com T, eu a perdi de vista. Apesar de mandar várias mensagens, não recebi resposta. Ela estava em tratamento, recuperando-se de cirurgia e muito fraca para mexer no computador, ou coisa pior? Entrei em contato com JM.

– O que aconteceu com T? – perguntei, com medo do que JM poderia me dizer.

Mas T não tinha morrido. JM escreveu:

– T está agora negando que tem câncer. Ela está incomunicável.

Imagine só. T foi meu primeiro contato com o círculo carcinoide que JM coordenava, aquela corda de salvação inicial tão essencial para auxiliar um doente de câncer a obter o equilíbrio emocional de volta. Ela me deu esperança e me pôs em contato com o ativo e apoiador grupo "Raios de Esperança" de JM. Quando soube que ela tinha se afastado, isso me incomodou, mas sua atitude, como a de L, não me surpreendia. Lidar com uma doença com risco de vida é desgastante, física e psicologicamente. Às vezes, as pessoas precisam de uma espécie de *tempo*, um período em que *não* sejam vítimas, não travem diariamente a nobre batalha, não visitem clínicas ou sofram com injeções, tomografias, radiografias e sabe Deus o que mais: conversar com outros pacientes por e-mail, por exemplo. Espero que T volte para tudo isso um dia desses, renovada e rejuvenescida de uma maneira que lhe permita reingressar na batalha; mas vou entender se ela não fizer isso.

Após o período inicial de intensa atividade de e-mail, que durou vários anos, também me afastei daquela comunicação por um tempo: muito "papo", muitas piadas, muita correspondência de uma natureza não muito pessoal ou útil. (Era por volta de 1997, quando ainda era comum abrir seu programa de e-mail de manhã e descobrir que dúzias de mensagens tinham se empilhado em seu sistema durante a noite.)

Ao longo dos anos, mantive uma comunicação informativa e bem-humorada com um sueco chamado J.

Ele tem síndrome carcinoide há quase duas décadas. Em nossas muitas conversas eletrônicas, J parecia generoso, bem-humorado e inteligente, sempre disposto a compartilhar informações sobre seu caso e me animar. Há anos ele atua como secretário da CARPA – Associação de Pacientes Carcinoides: ele envia regularmente um boletim informativo sobre tratamentos e medicamentos. Nossos papos eram animados e úteis. O inglês de J é vacilante, mas o meu sueco é inexistente. Mesmo assim, conseguimos nos entender. Do seu lado, ele já passou pela maioria dos tratamentos que os médicos europeus usam em pacientes carcinoides: ele sabe muito sobre Interferons, por exemplo. Do meu lado, passei pelo tratamento incomum com radioisótopo, que exponho em outro capítulo. Como resultado da nossa amizade por e-mail, sabemos mais sobre nossa doença e confidenciamos coisas mais pessoais sobre ser paciente de câncer: assuntos de família, medos, esperanças. Eu aprecio a sua amizade.

Nesse meio-tempo, restabeleci contato com SA, com quem conversara em meados dos anos 1990. Ela tinha muita informação para me passar por meio da internet. Nesse aspecto, as coisas tinham mudado no período de mais ou menos um ano em que eu estivera envolvido intensamente com amizades da internet. SA

CÂNCER: UMA MONTANHA-RUSSA ASSUSTADORA

tinha sua própria *home page*, onde descrevia resumidamente sua jornada de câncer: chama-se "Minha história". Vários outros pacientes com síndrome carcinoide tinham *home pages* parecidas. Passei um ou dois fins de semana retomando o contato com outros pacientes — e com JM, que agora estava coordenando o Grupo Nacional de Apoio Carcinoide. As pessoas estavam ativas; os pacientes estavam otimistas em relação às suas perspectivas e às de todos os pacientes carcinoides; coisas boas estavam acontecendo.

Eis outra coisa curiosa: a relação por e-mail não foi totalmente positiva. A boa experiência de torcer por B e ter notícias dele após sua exitosa cirurgia foi contrabalançada pelo e-mail do marido de E, P, enviado da sua casa na Inglaterra, dizendo que ela morrera após um período de sofrimento e luta. As piadas diárias postadas por PJ foram contrabalançadas pelo que IT me escreveu: "Eu sou biólogo, então sei o que nos aguarda: essa criaturinha é perversa, e eu não espero boa coisa daquilo que o maldito vai fazer conosco um dia".

No fim, as amizades por e-mail terminam. Depois de cinco anos de correspondência, comecei a ter cada vez menos notícias de V e L. Neste momento, não tenho notícias de nenhum deles há mais de um ano. T desapareceu da internet, dizendo que não é uma paciente

In memoriam

Jarl Jacobson

After 20 years as a carcinoid patient, Jarl Jacobson has left us. Jarl was one of the co-founders of CARPA. He lived long enough to to take part in CARPA´s 10 years anniversary CARPAs 10 years anniversary, which was, due to the circumstances, celebrated within a small number of people in Norrbotten, Sweden. During the period since CARPA started, Jarl has been its driving force and enthusiast, whom without his great commitment, the association would not exist.

Jarl edited the CARPA-bulletin and was treasurer of the association. He took care of all the member files and held contact with members, in Sweden as well as internationally; all this work he managed to carry out from his small office under a staircase in his home.

Jarl showed a certain talent in recruiting new members, a talent, which was a part of a mind opening and frank nature. Jarl especially cared for the founding of a contact network within the association He himself acted in this direction, he listened and was always available for the members and their problems. His commitment in CARPA Jarl carried out with enthusiasm and idealism. Besides CARPA Jarl also put a lot of engagement in other activities and was for example during several years the driving force in Norrbotten´s local "Hem och Skolaförening", an association for parents elucidating school children´s interests.

At an early stage of my sickness, I had the privilege of getting to know Jarl, and he became a friend, a brother patient with time for the troubles and sorrows of others. I also got to know his family and it stood clear to me what a loving and caring father Jarl was. In spite of his disease, Jarl supported his sons in their practice of sports.

A lasting memory of Jarl is the memory of a man with a great and human commitment he never had to talk about. Instead Jarl acted.

Sten-Hermann Schmidt
Vice president

de câncer e pedindo que os pacientes carcinoides não tentem entrar em contato com ela. Certo dia, não faz muito tempo, quando estava finalizando este livro, o carteiro me entregou um dos boletins da CARPA que J enviava da Suécia. Quando abri, a primeira coisa em que bati o olho foi o obituário de página inteira de J. Eu estava em meu estúdio naquela hora, e fiquei olhando dois pássaros bicando a grama do nosso quintal. J tinha me falado muitas coisas sobre seu câncer. Ele era um sobrevivente havia dezoito anos e servia de modelo para todos nós, um raio pessoal de esperança. Poucos meses antes, ele viajara aos EUA para visitar outros pacientes e se consultar, em Nova York, com o doutor W, especialista carcinoide, e a esposa dele, M, especialista em dieta de pacientes com câncer. Na ocasião, disse que tinha adorado um imenso filé que saboreara na companhia dos Ws. Como sempre, ele parecia alegre ao relatar suas viagens e otimista quanto ao tratamento do câncer. Mas ele não revelara que seu próprio caso tinha entrado em uma espiral descendente. Gostaria de ter lhe encorajado; gostaria de ter dito adeus. Fiquei olhando os pássaros saltitando no gramado, e depois de um tempo me sentei em uma poltrona e fitei o carpete, não sabendo o que pensar.

* * *

— Por que você não vai embora?
— Não, meu rapaz, o câncer não vai embora.

— As pessoas se estabilizam — eu me estabilizei. Os tratamentos dão certo; curas acontecem. Com bons tratamentos, sorte e muita fé, alguns pacientes são curados.

— Mas eu não vou embora.

— Você volta?

— Sempre estive lá, e sempre estarei lá. Eu estou. Mas não com maldade ou más intenções. Escute o bater do seu coração. Sempre lá. Pense em algo parecido. Aprenda a ver o câncer dessa maneira. Aprenda alguma coisa, pelo amor de Deus.

— Então você está sempre à espera.

— Ok. Como quiser... Eu espero que vocês enfraqueçam, que seu sistema imunológico baixe a guarda.

— E aí você ataca!

— Francamente, que dramático! Parece novela!

— Você é monstruoso. Você espreita pelos cantos, salta sobre as vítimas como uma fera noturna. Você deveria ser esmagado.

— Isto deveria ser um diálogo, você se lembra? Mas você está xingando de novo.

— Eu não consigo ser objetivo e liberal e indiferente a respeito disso. Estou morrendo por sua causa, suas células anormais, suas pragas, suas...

— E está aprendendo coisas a respeito de si mesmo.

— Que se dane!

— Eis aqui outra coisa que você pode aprender: seus ataques de indignação mostram que você sabe que tenho razão. Eles mostram sua fraqueza interna e revelam sua inquietude. Eles traem o fato de que você sabe que falo a verdade.

— Vá para o inferno!

— Como queira.

Cames, alternadores, ventoinhas

É comum que os médicos,
mais que as outras pessoas,
confundam subsequência com consequência.
Samuel Johnson

Nos anos em que sofri e lidei com o câncer, tive a imensa boa sorte de encontrar médicos capazes e solícitos. Para aqueles de nós que têm doenças sérias, os médicos que cuidam de nossas doenças e nos orientam quanto a planos de tratamento se tornam, em um sentido muito real, as pessoas mais fundamentais das nossas vidas, então é importante que eles sejam muitas coisas, incluindo simpáticos, inteligentes, sensíveis, habilidosos e cuidadosos.

O que é um bom médico? A resposta varia com as circunstâncias. Um bom clínico geral é alguém que escuta quando você conta sua "história" inicial; alguém que avalia com precisão as dimensões do que o aflige;

alguém com intuições fortes e confiáveis sobre você e sobre todo o espectro de enfermidades; alguém que trabalha em uma rede interativa de clínicos gerais e especialistas, encaminhando-o aos melhores que conhecer. Nesse sentido, o meu clínico geral, M, um antigo aluno de quando eu lecionava, era um exemplo da sua profissão: após ficar sabendo de minha ida à emergência e do tratamento com a "madame rosa" que recebera lá, ele me encaminhou ao melhor "gastro" da cidade. Fui diagnosticado corretamente com uma doença rara em muito pouco tempo, e num estágio inicial da enfermidade. (Desde que comecei a ter contato por e-mail com outros pacientes carcinoides, descobri que muitos foram diagnosticados erroneamente por algum tempo, importantes meses e anos, em vários casos.)

Um bom especialista tem algumas qualidades além daquelas possuídas pelo competente clínico geral. Como este, o especialista também deve saber ouvir, mas aqui a experiência é importante, experiência com toda a gama de afecções relacionadas a uma área específica. Inteligência também é vital. O doutor MF, que diagnosticou meu câncer, representa para mim a definição dessa qualidade: uma mente ágil, uma mente aberta, uma mente com discernimento. Além disso, o doutor MF é um exímio técnico: sabe realizar, por exemplo, o doloroso e complicado procedimento da colonoscopia com o máximo de resultados. Por mãos hábeis e uma mente capaz, os pacientes devem ter gratidão eterna.

O especialista em medicina nuclear, doutor WL, que foi o primeiro a dar ouvido às perguntas de M sobre o procedimento com radioisótopos que iniciamos dois anos após meu diagnóstico, era outro médico especial. Em nosso primeiro encontro, senti que ele era um homem brilhante: possuía uma combinação rara de agilidade mental e leveza de caráter. Mas também era extremamente aberto a experiências e muitíssimo perspicaz quanto a como conduzir o procedimento incomum que tentamos. Um homem da minha idade, ele era cheio de jovial entusiasmo e vigorosa determinação, exatamente o tipo de pessoa a quem você confiaria seu corpo enfermo. Seu bom humor e conselhos sensatos vinham em boa hora também.

Todos os oncologistas que trataram do meu caso, doutores KK, WD e AM, me impressionaram com o conhecimento sobre as operações de câncer e com a abertura para discutir o avanço da minha doença e os melhores tratamentos que se poderiam empregar para lidar com ela. Embora sobrecarregados de trabalho e às vezes visivelmente afetados pelas dificuldades de clinicar em oncologia (não sei como essa gente aguenta, com

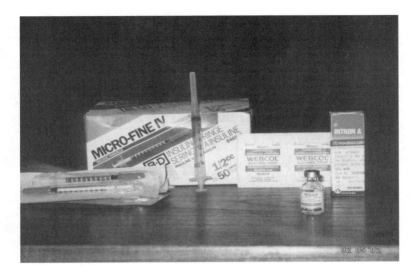

a morte tão presente e iminente em suas rotinas diárias), eles sempre me deram orientações sensatas sobre minha doença; além disso, foram francos comigo sobre meu estado e perspectivas, e mostravam-se dispostos a cooperar com qualquer sugestão que eu ousasse dar.

Foi um dos profetas que disse "Médico, cura a ti mesmo"? Um bom médico é aquele que conhece suas limitações, assim como as dos pacientes. Dada a reverência geral que é conferida aos médicos em nossa cultura, às vezes deve ser difícil que eles não se levem a sério demais. (O inverso também pode ser dito: médicos às vezes não gostam de ser questionados ou criticados por pacientes.) Qualquer que seja o caso, eis uma maneira útil de considerar a contribuição de qualquer médico à nossa saúde: encorajando o paciente a se ver como um parceiro, consegue energias criativas para a tarefa da cura, sempre tendo em mente a principal premissa da arte médica: acima de tudo, não causar o mal.

Pode parecer óbvio, mas às vezes preciso lembrar a mim mesmo de uma questão crucial. Apesar de os especialistas em oncologia (ou de qualquer outra área da medicina) conhecerem as doenças que estão tratando em virtude de larga experiência com muitos pacientes e muita leitura sobre inúmeros males, nenhum – ou quase nenhum deles – realmente tem estas doenças. Eu preciso de um momento para abarcar todas as implicações dessa proposição óbvia. Quando eu lhes informo que me sinto X, meus médicos podem acenar sabiamente com a cabeça e compreender o que lhes digo, mas eles não estão sentindo o mesmo que eu sinto; eles não se sentem X. Quero acreditar – todo paciente quer – que meus médicos se sentem, sim, X (e, em outros dias, Y e Z). Mas, meus médicos, não importa o quanto sejam experientes com câncer, não importa o quanto sejam compreensivos para com meus sentimentos e medos, não conhecem as sensações, dores e ansiedades de se ter esta doença no corpo. Como é realmente ter a doença. Além disso, a maioria deles nunca passou por uma tomografia computadorizada, uma endoscopia, uma colonoscopia ou uma biópsia. Talvez nem mesmo tenham passado por um exame de sangue, aquela enjoativa furação do braço com uma agulha, sobre a qual toda enfermeira me confessa: "Eu também não aguento". Em resumo, o conhecimento que meus médicos têm sobre o que sofro é completamente exterior. Eles sabem como o câncer age do ponto de vista de quem está fora, mas não como é do lado de dentro, como eu.

A maioria das pessoas que dirigem tem o que se pode chamar de "conhecimento de painel" sobre o motor de combustão interna e como ele funciona juntamente com a transmissão para impulsionar nossos veículos. Nós empurramos as alavancas e giramos os comandos no painel e o troço inteiro funciona. Milagre! Mas não entendemos muito sobre válvulas, cames, câmbio, alternadores, carburadores, ventoinhas e assim por diante. Se vemos uma vela de ignição fora de um motor, não sabemos como ela funciona, muito menos como "atrasar o ponto" de uma, ou limpá-la. Muito mais complexo é o organismo humano — e misterioso e enigmático, tanto para pacientes quanto para médicos!

Em muitos aspectos, os médicos sabem mais sobre o corpo humano do que nós, da mesma forma que mecânicos sabem mais sobre o funcionamento de carros.

Mas como os médicos lidam com um organismo, e não com uma máquina, seu conhecimento é limitado pelas vastas complexidades de cada corpo humano individual: embora similares, nenhum caso de câncer é exatamente igual a outro. Sem falar do modo em que os aspectos menos tangíveis do nosso ser – mente, espírito, alma, como quer que chamemos essas coisas – afetam o funcionamento desse complexo organismo, tanto positiva quanto negativamente.

Os médicos são nossos guias para uma saúde melhor, mas nenhum médico pode nos curar sozinho. Outros fatores têm a mesma importância. É amplamente sustentado, por exemplo, que qualquer organismo sob ataque de uma infecção responde fazendo uma série de adaptações criativas para combater o trauma. Assim, a cura ocorre por uma gama de motivos complexos, incluindo as estratégias adaptativas do corpo, sorte e a forte disposição do paciente a ser curado. Sobre esse último aspecto, é importante ter em mente algo que Bernie Siegel diz em um de seus livros. Segundo ele, somente cerca de um terço dos pacientes que o visitam parece preparado para assumir o problema do câncer. (O restante se encaixa em duas categorias: os que estavam procurando um motivo para morrer e aceitam o câncer como o agente que cumprirá esse papel; e aqueles que

CÂNCER: UMA MONTANHA-RUSSA ASSUSTADORA

parecem dizer ao médico: "Você é o especialista, não eu, então não vou fazer nada para promover minha recuperação – cure-me".)

É importante ter em mente, também, que o conhecimento e a prática médica variam de lugar para lugar, assim como de época para época; e que, por consequência, os médicos foram instruídos e treinados em algum lugar, por alguém em alguma época. O conhecimento que têm lhes foi passado por médicos mais velhos, pessoas com sabedoria e experiência, claro, mas também com preconceitos e predisposições e – talvez – informações datadas ou inadequadas. Médicos *têm* preconceitos. Fiquei atônito ao saber, por exemplo, que médicos europeus e americanos frequentemente assumem posturas diferentes ao tratarem de câncer. Na Europa, a síndrome carcinoide geralmente é tratada mais agressivamente do que nos Estados Unidos. Os médicos europeus recomendam ressecção do tumor primário e uma dose agressiva de Interferon; os médicos americanos tendem a não levar em consideração os tumores primários e recomendam o uso de análogos da somatostina (octreotida), drogas que tratam dos sintomas. Como paciente, você pode muito bem nunca descobrir que duas abordagens bem diferentes existem no combate da sua doença; se você descobrir, pode ficar confuso com essa divergência de visões (ambas defendidas apaixonadamente por seus partidários) e pode ficar em um dilema quanto a qual conjunto de procedimentos seguir. Não existe uma solução simples. Sem entrar na discussão, uma dica útil talvez seja a seguinte: descubra, se puder, quantos pacientes foram tratados pelo oncologista com o qual você está se consultando (ou aquele com o qual você busca conselhos e orientação): quanto maior a experiência do oncologista com a doença, maior o "time" de pacientes tratados e mais tempo o seu médico estiver trabalhando com a sua enfermidade específica, provavelmente mais orientação você receberá com perspectivas de sucesso em longo prazo.

A recuperação também pode ser complicada, pelo fato de que nem todas as decisões relativas ao cuidado do paciente estão diretamente nas mãos dos médicos, como os pacientes geralmente supõem. Médicos trabalham em hospitais e muitas vezes estão emaranhados em política institucional, e isso significa corte de orçamentos para pesquisar os tratamentos mais novos (e frequentemente mais caros); conflitos com outros médicos por causa de "território"; e políticas institucionais que atam as mãos dos médicos por inúmeros motivos, sendo que nem todos são sensatos, ou mesmo racionais. Deve haver muitas ocasiões em que os médicos desejariam

CÂNCER: UMA MONTANHA-RUSSA ASSUSTADORA

seguir um tipo de tratamento, mas não podem fazê-lo por razões que, em larga medida, não têm nada a ver com o conhecimento ou a disposição em relação ao caso de um paciente. Em circunstâncias em que os pacientes pagam por consultas e tratamentos, os médicos também devem frequentemente sentir a interferência das questões monetárias.

Acho que todos conhecem a velha anedota: "Qual é a diferença entre Deus e um médico?". Resposta: "Deus não se acha um médico". Sendo ou não esta tirada ácida correta em relação à personalidade da maioria dos médicos, a brincadeira nos lembra de algo muito importante: nós precisamos dos médicos; eles são nossos mais poderosos aliados na jornada em que embarcamos. Temos que trabalhar com eles, mas também devemos reconhecer que seu bom humor, sua inteligência, seu bom senso, suas boas intenções podem não ser suficientes para nos levar à recuperação que tão ardentemente desejamos. Aceitamos que podemos não ser capazes de nos curar miraculosamente; eles também podem não ser.

* * *

– Você não quer continuar conversando, meu rapaz?

– Se eu quiser, se eu levar seus argumentos a sério, estarei reconhecendo-o, dando-lhe legitimidade e credibilidade. Eu quero matar você, não lhe dar vida.

– Você prefere ficar emburrado e pôr a culpa nos outros.

– Eu preferia estar saudável.

– Pff... Você não tem ideia do que isso significa. No momento, você faz três refeições todos os dias, pratica esportes, toma uma ocasional taça de vinho, faz sexo, dá longas caminhadas, escreve livros, brinca com seu filho, dorme bem.

– Razoavelmente bem. Nunca a noite inteira. Minha barriga se retorce toda. Eu suo. Acordo com a boca seca e dores de cabeça terríveis. Tenho diarreia, meu rosto e peito ficam vermelhos por causa dos hormônios que sobrecarregam meu corpo, os hormônios que você produz como subprodutos: serotonina e outros. Tenho que vigiar minha atividade intestinal, olhar o vaso para monitorar o que está acontecendo dentro de mim. É humilhante, indigno e nojento. Quanto aos esportes, minha performance caiu muito. Sou metade do que já fui porque o remédio que tomo me enfraquece.

– Que choradeira... Pobre criança.

– Sem falar da saúde psicológica.

CÂNCER: UMA MONTANHA-RUSSA ASSUSTADORA

– Vá a um psiquiatra, a um psicólogo. Medite. Apele para recursos que você nem sabia que estavam a seu alcance. Mas não se lamente sobre sua saúde psíquica para mim! Estou morrendo!

– Você está morrendo! Isso é ridículo.

– É mesmo? Todos os dias, você injeta uma poderosa droga cuja finalidade é destruir as células mutantes. Você fez tratamentos radioativos para me eliminar – me aniquilar! Você toma vitamina C, um agente anticâncer; você bebe chá verde com polifenóis que me atacam; come brotos de brócolis por causa do sulforofano que me desperta para que os antioxidantes possam me destruir mais facilmente. Você está pensando em fazer uma cirurgia no intestino e um tratamento chamado "embolização", que bloqueia o sangue para as minhas células e me mata. Portanto, você declarou guerra contra mim, guerra total; e, mesmo assim, devo ledamente escutar suas reclamações sobre sua preciosa saúde e a queda de sua capacidade sexual. Pare com isso!

– Você disse que tinha que existir, tinha que florescer. Idem deste lado.

– Então mande seus assassinos.

– Quem está esbravejando agora?

Sala de espera

*O segredo de cuidar do paciente
é se importar com o paciente.*

Francis Peabody

Às vezes, a palavra "clínica" se refere ao local onde o paciente realiza consulta, tratamento ou exames. "Clínica" tem também um sentido mais refinado nos círculos médicos: trata-se da prática ou exercício da medicina. Daí "clínica de câncer". O deslocamento de significado é talvez menos importante do que aquilo que a palavra "clínica" acabou significando para a maioria dos pacientes.

Clínicas deveriam oferecer oportunidades para pacientes discutirem com médicos sua condição pessoal e os tratamentos a que estão se submetendo. A clínica deveria ser informativa e útil. Talvez uma clínica obstétrica seja um lugar onde médicos animados se reúnem com gestantes felizes para discutir seu bem-estar e o progresso do desenvolvimento de seu feto. Quem sabe, gosto de imaginar, as enfermeiras circulem velozmente,

CÂNCER: UMA MONTANHA-RUSSA ASSUSTADORA

com pastas sobre a nova vida, e risadas soem nos corredores de tempos em tempos.

Clínicas de oncologia não são assim.

Na prática médica geral de hoje em dia, os pacientes devem entender que são usualmente o quarto grupo de pessoas em grau de importância em um ambiente de clínica. Primeiro vêm os médicos, os sumos sacerdotes da medicina; depois, vêm as enfermeiras, as ajudantes dos médicos; então, o esquadrão da recepção/processamento, atrás de balcões altos, que conhecemos e com o qual geralmente falamos pelo telefone; por fim vêm os pacientes. Você sabe qual o seu lugar após a primeira experiência em uma clínica quando a recepcionista anota seu nome quando você chega e lhe diz uma coisa, e apenas isso: "Sente-se, por favor". Este é o início d'A Espera. Depois de algum tempo, meia hora na maioria dos casos, em raras ocasiões somente quinze minutos, mas às vezes até uma hora e meia, seu nome é chamado e você é conduzido da sala de espera grande para a pequena, um cubículo onde ocorrem o exame e a consulta. Aqui, você espera mais dez ou quinze minutos. (Não consigo deixar de pensar que nesse ínterim o médico que me atende está folheando nervosamente minha pasta, tentando desesperadamente lembrar quem sou eu e o que ele me disse na última consulta.)

125

Médicos, é claro, são ocupados. Enfermeiras, também. Mesmo assim, alguém poderia dar, já no início, alguns detalhes simples sobre a sua consulta: quanto mais ou menos você deverá esperar na sala de espera externa, por exemplo. Mas a prática padrão é dizer ao paciente o mínimo necessário. Esta é a definição de "atitude paternalista", e a clínica, do modo como funciona hoje em dia, é especialista nisso. Quando a enfermeira o leva até o cubículo de consulta, ela geralmente não diz nada, ou apenas: "Aguarde aqui". Se você tem que fazer um exame de sangue após a consulta, a enfermeira lhe diz: "Vá até o fim do corredor e diga a eles que você precisa de um exame de sangue". *Eles?* Você sai vagando naquela direção, sentindo-se desamparado e fora de controle. Na primeira vez que isso me aconteceu, fiquei surpreso quando localizei *eles* e ouvi a frase seca: "Arregace a manga". Então, a agulha foi enfiada na minha veia. Mareado após a consulta com o médico, desmaiei.

Antes que isso vire uma choradeira, permita-me dizer que não há maldade nisso, a meu ver. As enfermeiras são ocupadas e estressadas; exige-se que elas realizem tarefas demais, sejam coisas demais para pessoas demais: assistentes para os médicos, administradoras para a clínica, guias para os pacientes. Os médicos são sobrecarregados com pacientes e papelada. As recepcionistas

CÂNCER: UMA MONTANHA-RUSSA ASSUSTADORA

encaram uma parede de telefones tocando e telas de computador piscando. Apesar de tudo isso, parece-me que os trabalhadores da área da saúde se esquecem do que realmente se passa em uma clínica de câncer: pessoas doentes, muitas delas assustadas até o âmago do ser, prestes a se consultarem com médicos sobre o aspecto mais importante de suas vidas – a continuidade de sua existência. Frequentemente – quase sempre –, elas estão fragilizadas, física e mentalmente. Muitas mal estão conseguindo aguentar. Provavelmente, a última coisa que precisam nessa hora é serem empurradas de um lugar para o outro, como pedaços de carne, sem saber quase nada do que está para acontecer com elas, ou quanto se espera que aguardem até que aconteça.

Como consequência, ser paciente às vezes é confuso; eventualmente, é simplesmente humilhante.

Médicos e enfermeiras, sobrecarregados de trabalho como são, às vezes se esquecem de alguns pressupostos básicos do atendimento ao paciente. O primeiro é que é o paciente que está sendo atendido. Mesmo assim, é bastante comum que nós, pacientes, tenhamos a impressão de que nossas consultas, nossos exames etc. são marcados e orquestrados para satisfazer as necessidades do médico que nos atende, ou a agenda da instituição em que estamos sendo tratados. O que nos é apresentado é um fato consumado. Está operando aí um pressuposto paternalista que pode ser muito desagradável. Às vezes, tenho vontade de perguntar: "Quem é o paciente aqui?". A resposta deve inevitavelmente ser: a pessoa de quem se espera o máximo de paciência.

Segundo, há um fato da vida a se considerar. A maioria de nós diagnosticados quando adultos já tem uma medida considerável de controle sobre a própria existência. Supervisores em fábricas, profissionais liberais, professores, assistentes em grandes empresas, donos de pequenos negócios – o que seja, todos os dias alguém nos pede uma opinião, tomamos decisões e trabalhamos de maneira independente em tarefas complexas. Então, algo dramático irrompe em nossa vida. Recebemos um ferimento traumático, sofremos de um mal sério, ou temos uma doença diagnosticada. Nós sentimos não apenas que nossos corpos nos traíram – no mínimo, nos deixaram na mão –, como também que nossas vidas estão, em larga medida, saindo do nosso controle. Há coisas acontecendo conosco, e somos mais ou menos impotentes para mudar a situação. Tratamentos, medicamentos, terapias podem estar disponíveis: mas muito do pouco que pode ser feito para melhorar a situação está nas mãos de outras pessoas.

CÂNCER: UMA MONTANHA-RUSSA ASSUSTADORA

Esta é uma sensação assustadora, e leva tempo para se adaptar a ela. Médicos e enfermeiras poderiam ajudar-nos com essa questão, mas quase sempre a pioram. Eles exacerbam a situação ao assumir o controle total dos nossos tratamentos, assim como das nossas rotinas na clínica. Eles só nos dizem ninharias sobre nossa doença e onde estamos no espectro de incidência à mortalidade; eles nos dão ordens com o mínimo de explicação; marcam procedimentos após breve ou nenhuma consulta com o paciente. O resultado final é que os pacientes que entram na clínica se sentem duplamente fora do controle: impotentes para alterar o curso da sua doença, eles se veem empurrados de um lado para o outro, aparentemente ao capricho dos próprios funcionários da clínica que deveriam estar aliviando seu desconforto. É duplamente aviltante. Assim, não é de surpreender que, às vezes, alguns pacientes se sintam subestimados e deem vazão a essa percepção sob a forma de rancor contra os funcionários da clínica.

Nos últimos anos, desenvolvi algumas estratégias para lidar com esperas em clínicas. Descobri que não há mal nenhum em ligar antes, no dia da sua consulta – meia hora antes, digamos –, para saber se o médico já se encontra na clínica. Se está, é útil também perguntar: "As consultas estão acontecendo dentro do horário marcado?". Se não: "Em quanto tempo está a espera – qual é o atraso em relação às horas marcadas?". Ninguém dá essas informações voluntariamente, mas, se perguntamos, muitas vezes ficamos sabendo. Isto pode ao menos diminuir a espera de uma hora e meia quando o médico atrasou em suas "rondas" (geralmente marcadas para o período da manhã) ou por algum procedimento a que compareceu (a cirurgia de outro paciente, por exemplo).

Em uma clínica de oncologia, há uma espécie de silêncio nos corredores. A sala de espera externa é ocupada por pacientes em variados estados de desconforto. Um que parece realmente assustado. Outro que está cinzento e abatido – as coisas não vão bem. Na clínica que vou, frequentemente há mulheres na sala de espera, vítimas de câncer de mama. Elas muitas vezes falam com suas colegas de martírio; talvez estejam juntas em grupos de apoio ou já se encontraram antes nesse ambiente. Talvez as mulheres sejam simplesmente mais abertas do que os homens em relação a suas enfermidades. Os homens tendem a ficar sentados em silêncio com as mãos nos braços da cadeira, respirando pela boca e estoicamente aguardando o médico. Fomos preparados para aguentar firme, sofrer em silêncio, e assim o fazemos. Muito poucas pessoas leem nas clínicas. Tinha uma época em que havia uma televisão na sala de espera. Ninguém assistia. Um ou dois anos atrás, ela desapareceu. De qualquer forma, as mulheres na minha frente ou a meu lado são notavelmente sinceras umas com as outras. Elas dizem coisas como: "Eu estava bem depois da cirurgia, mas daí passou para os meus pulmões e estamos fazendo tudo de novo". Ou: "Perdi dez quilos. Não consigo manter o peso – isso é um sinal claro de que as coisas estão indo morro abaixo, mas eles acham que a 'quimio' pode ajudar". Ou então: "Você se lembra da Julie, ela se foi rápido". Acenos, murmúrios. Sou fascinado por esses diálogos, mas eles também me causam repulsa. Eles me abalam: falam de tratamentos que não deram certo, de morte, nos deixam todos abatidos, mas, nessas circunstâncias, quando se está prestes a se consultar com um médico sobre sua situação, o desconforto cala fundo. Sinto-me nauseado. Às vezes, quando me chamam para ver o médico, levanto do assento tremendo e com um nó no estômago. Compreendo por que muitos pacientes trazem o companheiro ou um amigo: ter alguém íntimo para conversar durante a espera distrai de pensamentos sombrios e protege do desconforto.

Seguidamente, as pessoas que acompanham os pacientes entram na sala de consulta com elas. Essa, também, é uma estratégia recomendável. Os pacientes estão chateados quando vão a uma clínica, e um segundo par de ouvidos pode ser útil para lembrar o que o médico disse. Mesmo se não for o caso, todos nós ouvimos de maneira seletiva, e, um dia, uma semana, um mês depois, pode ser difícil lembrar exatamente o que o médico informou. O paciente, ou os membros da sua equipe, pode fazer algumas anotações durante a consulta, de forma que mais tarde tenha informações confiáveis para rememorar, em vez de impressões enevoadas e memórias apagadas. Apesar de isso poder incomodar alguns médicos, a maioria está aberta à ideia e a saúdam.

Também descobri que você igualmente tem que trabalhar na consulta. Seja por delicadeza para com seus sentimentos de vítima de uma doença, por natureza,

CÂNCER: UMA MONTANHA-RUSSA ASSUSTADORA

por treinamento ou por excesso de trabalho, os médicos geralmente não dizem muito aos pacientes. Eles costumam dizer: "Você está bem", ou algo neutro desse tipo. Você precisa pressioná-los para obter detalhes, perguntar: "Quais eram os níveis da última contagem de sangue?", ou: "Pode me dizer qual é o nível de cromogranina de uma pessoa saudável?". Demorei quase um ano para perguntar ao doutor KK sobre o tamanho dos tumores no meu fígado. Pensava que eram vários e bastante grandes – do tamanho de uma bola de golfe, talvez. No fim, eles eram menores e muito menos numerosos do que imaginara. Para meu imenso alívio. Em outra ocasião, leram para mim o relatório radiológico da minha última tomografia computadorizada: os tumores tinham crescido pouco. Ousei perguntar: "Como se mede isso?", e depois, enquanto meu médico me olhava de forma estranha, insisti, perguntando: "Posso ver eu mesmo as duas últimas imagens?". Quando os negativos foram postos sobre a luz, o médico mediu cada conjunto de tumores com um paquímetro. Por mais que tentássemos, nenhum dos dois conseguiu detectar qualquer mudança do conjunto anterior de negativos em relação ao posterior. "Bem," disse meu médico, "talvez realmente não tenha havido nenhuma mudança." Fui para casa aliviado, em vez de chateado, que era o que teria ficado se não o tivesse pressionado por mais informações.

Meu argumento não é criticar os médicos que me atendem ou subestimar os procedimentos médicos realizados em mim. Todos com quem estive, tenho certeza disso, fizeram o melhor que podiam. Recepcionistas, enfermeiras e médicos, todos sempre foram amigáveis e solícitos. Meu argumento é que, se você não pergunta, está permitindo que a clínica o intimide, pode receber informação deficiente ou insuficiente, e pode ir embora chateado ou assustado sem necessidade. A oncologia não é uma especialidade alegre. Todos nos deprimimos de vez em quando. Todos temos nossos períodos de baixo astral. Mas não precisamos de mais que o necessário, e a imaginação pode muitas vezes ser pior que o conhecimento genuíno. Talvez seja da minha natureza querer ouvir o pior e enfrentá-lo. Isso pode ser doloroso, admito. Mas prefiro isso a aceitar passivamente qualquer coisa que outra pessoa – mesmo um médico bem-intencionado – decida que eu posso ouvir. Todo paciente sai de uma clínica um pouco abalado. Mesmo quando a notícia é boa. Aceito isso. Sei também que amanhã é outro dia, e que, quanto mais informação eu tiver, mais bem preparado estarei para enfrentar a bronca.

CÂNCER: UMA MONTANHA-RUSSA ASSUSTADORA

* * *

– Então você não vai ir embora?

– Eu simplesmente existo. Um fato inescapável. Isso já foi comprovado.

– Mas se você não vai embora por vontade própria, então posso usar o que aprendi para combatê-lo.

– Acredite no que quiser.

– Acredito que hoje sou mais forte e posso derrotá-lo. Este diálogo – um exercício que parecia fútil quando começamos, e às vezes ainda parece –, este diálogo abriu meus olhos. Eu compreendo um pouco mais do que antes.

– Viu?

– Não me aborreça! Estou dizendo que com conhecimento e visão, e também com remédios, tratamentos e cirurgias eu posso derrotá-lo.

– Faça como achar melhor.

– Você está ficando taciturno. Você sabe que tenho razão. Seu silêncio trai isso.

– É mesmo?

– Você disse isso antes – que silêncio e rancor demonstram medo, e agora isso se voltou contra você, meu rapaz.

– Faça o que puder. Use a estratégia que precisar.

– Posso derrotá-lo, então? Você admite isto?

– Derrotar?

– Transcender.

– Pense o que quiser.

Sopa quente e azeda, camarão empanado, futebol

É o que você deve fazer com qualquer doença: agir como se não a tivesse e ir em frente.

Angelo Dundee, sobre a "síndrome de pugilista" de Muhammad Ali

Ao longo da maior parte do ano de 1995, usei a droga de modificação biológica Alpha-Interferon 2b, que eu injetava subcutaneamente, como um diabético, todos os dias. Ela deveria auxiliar meu sistema imunológico, fornecendo um catalisador às células T-matadoras atuantes no meu sangue (como no de todos), destruindo células cancerosas e outras células infectadas no corpo. No início, reagi ao Interferon, como todos os meus médicos haviam avisado, com sintomas de febre: suores, dores de cabeça, fraqueza e um pouco de rubor. Eles tinham recomendado que eu injetasse o remédio antes de deitar, de forma a dormir durante a manifestação desses efeitos, o que foi uma boa orientação. Após uma semana ou dez dias, os sintomas melhoraram.

Nesse ano, eu me familiarizei com algumas rotinas: a cada três meses, mais ou menos, eu ia ao hospital para uma tomografia computadorizada. Radiologistas estudavam esses exames e, depois de um tempo, vinham com boas notícias: o tumor primário na parte central do meu intestino e as metástases no fígado não apresentavam mostras de crescimento. Um pouco antes de cada tomografia, amostras de sangue eram retiradas das veias do meu braço e eram enviadas à Clínica Mayo, um centro de pesquisas em Minnesota, nos EUA, onde eram testadas para cromogranina A, um indicador de proteína que, segundo o doutor KO, era um "sinal" confiável da atividade hormonal no meu sistema e, portanto, da atividade do câncer. A cada três meses eu também entregava ao Departamento de Oncologia do Saint Boniface Hospital uma amostra de urina de vinte e quatro horas, que era usada para determinar os níveis de 5HIAA (mais hormônios e substâncias químicas relacionadas) e um segundo sinal da atividade bioquímica proveniente dos tumores cancerosos. Nos meses seguintes, meus médicos me garantiram que o Interferon estava tendo o efeito desejado: o nível de cromogranina

CÂNCER: UMA MONTANHA-RUSSA ASSUSTADORA

no meu organismo havia caído fortemente, e uma queda similar ocorreu nos níveis de 5HIAA.

Ao mesmo tempo, eu me correspondia com meus amigos por e-mail, sabendo como eles estavam e quais os tratamentos disponíveis para quem sofria de síndrome carcinoide. De tempos em tempos, falava com KT, que tinha arranjado a visita do doutor KO em Winnipeg. Num dado momento, disse a KT que estava descontente com a maneira com que meu tratamento estava progredindo: o doutor KO tinha recomendado um plano agressivo de tratamento, incluindo cirurgia, mas o doutor KK parecia satisfeito em controlar resultados de tomografia e os números que vinham das amostras de cromogranina A e 5HIAA. KT disse:

– Tem um oncologista em Saskatoon que parece realmente interessado no que você tem. Por que não liga para ele? Se for o caso, marque uma consulta.

KT sempre dava esse tipo de conselho bastante realista.

O doutor AM não só estava interessado no fenômeno carcinoide na forma que eu o apresentava, como também era um ser humano realmente sincero e caloroso. Falando com ele ao telefone, sentia o mesmo conforto de quando discutia meu caso com M, nosso clínico geral. Ele me contou de uns experimentos que estavam sendo feitos no Departamento de Medicina Nuclear da Universidade de Alberta, em Edmonton.

– Entre em contato com o doutor MC – disse ele, dando-me um número de telefone.

Na Universidade de Alberta, como uma das assistentes do doutor MC explicou, eles estavam experimentando uma "bomba inteligente" para irradiar certos cânceres, incluindo tumores carcinoides. Eles tinham descoberto que células cancerosas com certos "perfis" atraíam para suas superfícies determinados compostos químicos. Quando eram misturados a matéria radioativa, os materiais radioativos se ligavam às superfícies das células cancerosas e, desta forma, as células do tumor podiam ser atacadas a partir de dentro do corpo, e não bombardeadas de fora, como na radioterapia convencional. Era mais ou menos uma engenharia genética, ativando o sistema humoral do corpo para complementar sua reação humoral normal a invasões. De qualquer forma, aos ouvidos de um leigo, era isso o que a médica pesquisadora em Edmonton parecia estar me dizendo. Ela se referiu à solução que eles usavam como "isótopos radioativos" e chamou o elemento químico que atacava as células cancerosas de "I131", e todo o tratamento de "MIBG". Parecia tecnologia de ponta e intrigante.

CÂNCER: UMA MONTANHA-RUSSA ASSUSTADORA

De acordo com a médica ao telefone, em Edmonton, eles tinham obtido alguns resultados bons e outros promissores com o tratamento MIBG, embora a amostra com que trabalhavam (quarenta pacientes) não fosse grande. (Um paciente fora curado, vários outros tiveram drástica diminuição do tumor.) Eles estavam dispostos a me aplicar o tratamento, mas demorava quase duas semanas: uma rodada preliminar, usando uma forma enfraquecida de I131, era feita para verificar se havia "absorção" suficiente por parte dos tumores; isso levava quatro dias ou mais para se determinar; depois do tratamento em si, que levava uma tarde, o paciente precisava ficar em isolamento por três dias para evitar contaminação radioativa.

Quando falei sobre isso com M e lhe mostrei a página de gráficos, estatísticas e resultados que a médica pesquisadora em Edmonton me enviara por fax, ele disse:

– Que ótima ideia. Qualquer tratamento que faça com que você evite a invasão da cirurgia deve ser tentado.

Expliquei que o tratamento em Edmonton envolvia dez dias ou mais longe de casa. Ele disse:

– Espere um momento, vou fazer uma ligação.

Eu estava sentado na frente dele em seu consultório, em uma tarde de sexta-feira, quando ele deveria estar saindo para ver sua mulher. Esta reação era típica de M. Certa vez, quando externei a preocupação de que os médicos no Saint Boniface Hospital poderiam não ter muita experiência com embolizações, ele pegou o telefone enquanto conversávamos e ligou para um amigo radiologista no Mount Sinai Hospital, em Toronto.

– Primeiro – disse M quando pôs o telefone no gancho –, SB tem toda a confiança nos radiologistas do Saint Boniface. Segundo, ele arranjaria para você uma embolização em Toronto a qualquer momento, com todo o prazer.

Só sabe o que significam esses telefonemas que oferecem uma solução imediata quem tem uma doença com risco de vida. Existem opções; existem alternativas; o sistema médico pode funcionar em seu benefício. Essas coisas amenizam o medo enraizado e a impotência que todos os pacientes sentem em face do complexo médico.

Apenas uma semana depois, encontrei-me no diminuto consultório do doutor WL, chefe do Departamento de Medicina Nuclear do Saint Boniface. Era um homem delgado e grisalho, com olhos que faiscavam com vida e entusiasmo à medida que ele repassava as etapas do tratamento MIBG. Embora ele nunca o tivesse realizado antes, estava ansioso para tentar a terapia

CÂNCER: UMA MONTANHA-RUSSA ASSUSTADORA

com radioisótopos e confiante em que as instalações do hospital estariam à altura do tratamento. Ele conversara longamente com o doutor MC em Edmonton.

– Só uma coisa – disse-me ele –, o departamento de manutenção de lá está reformando a ala onde temos nossa unidade de isolamento, então talvez tenhamos que esperar um mês, mais ou menos.

Em minha ingenuidade, não percebi que ele estava me dando um prazo muito otimista.

Cerca de cinco meses depois, fui fazer a varredura preliminar, um processo envolvendo uma pequena injeção de I131 e um período de duas horas sob câmeras de radiação posicionadas a uns quatro centímetros do meu tronco. ("Não se mexa!", advertiu a enfermeira.) Eu estava apreensivo quanto a essa etapa inicial. Se não houvesse absorção suficiente da substância por parte dos receptores das células, o procedimento estaria terminado. Mas eu estava com esperanças de que essa abordagem não invasiva aos tumores pudesse me poupar da dor e do incômodo da cirurgia. Uma semana depois, mais ou menos, o doutor KK me disse pelo telefone:

– Você teve boa absorção no MIBG. Os tumores no seu fígado acenderam como luzinhas de Natal.

Uma tomografia computadorizada foi feita no dia anterior ao tratamento MIBG, para dar uma

143

referência sobre o desenvolvimento do tumor logo antes do procedimento.

Então, enfrentei um momento difícil. Meu filho tinha quatro anos. Já um ano antes, eu lhe contara que tinha câncer. O que deveria dizer a ele sobre esse procedimento? O médico que tinha feito uma angiografia hepática preliminar em mim disse que havia uma tênue possibilidade de algo dar errado. E eu também sabia que, todos os dias, pacientes entravam em hospitais e não saíam mais. Eu não queria alarmar A, mas também não desejava desaparecer da sua vida – o que ele pensaria mais tarde? Um legítimo dilema. Na manhã do procedimento, eu o deixei na casa da sua mãe. Eu me ajoelhei a seu lado e o pus sobre meu joelho.

– Preciso falar uma coisa séria – comecei. – Às vezes, os papais vão ao hospital e não voltam mais. Na verdade, não tem chance nenhuma de que isso vá acontecer desta vez, mas queria lhe dizer isso, e que eu amo você.

Meu coração estava disparado; eu estava segurando a mão dele. A é ruivo, como sua mãe – cabelo espesso que vai para tudo quanto é lado no topo da cabeça.

– Eu também – disse ele, e logo depois: – Vai dar tudo certo, papai.

Ele deu um tapinha na minha mão, saltou do meu joelho e entrou correndo na casa da sua mãe.

CÂNCER: UMA MONTANHA-RUSSA ASSUSTADORA

Havia um movimento considerável no Saint Boniface na tarde em que o doutor WL realizou o tratamento I131. Era uma sexta-feira de outono. Estávamos na sala de isolamento. Eu estava sentado de frente para o doutor WL, em uma mesinha de madeira, com a manga de um dos braços arregaçada. Uma enfermeira colocou uma sonda intravenosa, e outra enfermeira trouxe o que parecia um tubo de ensaio cheio de mercúrio fino. Depois de mexer um pouco neste tubo – ele foi posto em uma espécie de caixa de vidro recuada, aberta nas duas extremidades, e então o tubo intravenoso foi acoplado a ela –, o líquido foi empurrado para dentro do meu braço por uma bomba conectada à outra extremidade do tubo. Médicos e enfermeiras enfiavam a cabeça para dentro da sala de tempos em tempos, acenando e sorrindo. Aparentemente, eu era uma pequena celebridade, alguém que em algumas horas estaria tão radioativo que a sala seria selada na primeira noite.

Em cerca de meia hora, todo o líquido tinha saído do tubo e entrado no meu corpo. O doutor WL realizou alguns testes simples comigo – estetoscópio no coração, medição de pressão. Então me perguntou como eu me sentia. Um pouco tonto, mas, fora isso, bem. Ele falou que voltaria para me ver periodicamente nos próximos dias, depois juntou seu equipamento e saiu. Uma enfermeira levou a mesa em que o equipamento repousara. A porta da sala foi vedada com borracha.

Havia uma televisão minúscula na sala. Eu tinha trazido alguns livros. K havia chegado logo antes de o doutor WL sair, trazendo água mineral e A. Eles não podiam entrar na sala, mas ficaram atrás de uma fita amarela na porta, a seis metros de distância, acenando. Quando eles foram embora, gritei: "Tchau, A", e ele gritou de volta: "Tchau, tchau, Homem Radioativo". Ele estava rindo. Um personagem de um programa de televisão a que ele assistia se chamava assim.

Foram três longos dias. Era outubro. Eu assistia ao futebol americano na televisão microscópica. Lia um romance. Beliscava a comida de hospital que uma enfermeira empurrava para dentro do quarto, com seu braço envolto num jaleco, ficando visível até o cotovelo quando ela posicionava a bandeja e se retirava apressadamente. Eu meditava; adormecia pelas dez horas; pelas onze, uma enfermeira entrava ruidosamente no quarto e me acordava para perguntar se eu precisava de um remédio para dormir; bem, agora eu preciso!

Na manhã seguinte, uma enfermeira disse que a porta podia ser aberta para visitantes. Um ex-aluno meu, de quando eu lecionava em uma instituição particular, agora residente de nefrologia, passou para me visitar. Ele se sentou na beira da cama.

– Doutor Tefs – disse ele, lembrando o tom que usava quando adolescente.

– Doutor CR – disse eu, experimentando o som daquilo –, não tem medo da radiação?

Ele fez um sinal de despreocupação:

– Tudo bobagem – disse ele. Nós brincamos sobre hospitais, a profissão médica e os tempos de estudo. Como o doutor WL, seu rosto resplandecia de entusiasmo por seu trabalho.

– Eu li seus romances – disse-me ele. – Minha esposa também.

No início da tarde, dois amigos casados, M e J, chegaram com um filé com fritas, que eles puseram ao lado da porta. Nós brincamos sobre a contaminação por radiação. Meu amigo M pôs o pé sobre a fita amarela e fez que teve um súbito ataque cardíaco antes de retirar o pé. Eu lhes disse que estava me sentindo bem. Eles ficaram na soleira e disseram:

– Vamos para casa recolher as folhas do jardim.

Eu tinha olhado pela janelinha antes: era um dia de outono, claro e limpo, com o vento norte levantando folhas no parque do outro lado da rua. Nós morávamos em um bairro em que não era incomum encher

cinquenta ou cem sacos plásticos com folhas a cada outono. Era uma atividade que K, A e eu fazíamos juntos, e seria divertido fazê-lo. Mais tarde, uma segunda ex--aluna veio me visitar.

— Doutor Tefs — disse ela —, foi uma surpresa saber que estava aqui.

— Doutora JC — respondi —, você parece muito cansada.

— Residência — disse ela —, acabei de sair de um plantão de catorze horas.

Algumas horas depois, K e A vieram com minhas comidas orientais favoritas, uma sopa quente e azeda e camarões empanados, de um restaurante oriental que frequentávamos.

CÂNCER: UMA MONTANHA-RUSSA ASSUSTADORA

O doutor WL apareceu pouco depois, com um largo sorriso no rosto e um contador Geiger[2] na mão. Ele fez algumas leituras perto da porta e depois perto do meu corpo.

– Nada mau – informou ele – nada mau. Neste ritmo, os níveis devem cair o suficiente para liberarmos você na manhã da segunda.

Ele verificou meu peito novamente.

– Como está a comida? – perguntou ele ao sair.

Talvez tenha farejado os quitutes extrainstitucionais que tinham sido trazidos.

Naquela noite, eu me senti mal. Não peguei no sono antes das onze, e acordei por volta de uma da madrugada. Imaginava os elementos químicos que tinham sido introduzidos no meu corpo chegando até o tumor no meu abdome e aos tumores do meu fígado, atacando as células cancerosas e as destruindo. Não estava preocupado com o fato de chegarem a outras partes do meu corpo e as danificarem; não tinha medo de que eles prejudicassem a função do meu fígado; não estava apreensivo quanto a outros efeitos colaterais. Talvez eu devesse estar. Por parecer ser muito inteligente e muito

---

[2] Aparelho inventado por Hans Geiger em 1908, para medir os níveis de radiação em corpos e no ambiente.

competente, eu confiava implicitamente no doutor WL, e ele me dissera que as chances de alguma coisa dar errado nesse tratamento eram de uma em cem. Fiquei tranquilo e tentei passar as longas horas no quartinho quadrado, onde tudo que não era de metal fora cuidadosamente coberto com plástico. Tinha trazido minha vela de meditação, e ficava sentado me concentrando na chama bruxuleante por longos períodos de tempo. Fiquei pensando sobre as normas de incêndio – será que aquela fumacinha minúscula dispararia o alarme?

Domingo. Futebol, futebol, futebol. Cochilei. Belisquei a comida que as enfermeiras trouxeram. Falei com K pelo telefone no quarto de isolamento. Na tarde de domingo, uma das minhas irmãs chegou até a porta. Depois, a minha mãe. Depois, minha outra irmã com seu marido. Acenos encorajadores lá do corredor. No meio da tarde de domingo, o doutor WL me visitou de novo e, após checar seu contador Geiger, disse que eu poderia ir para casa na primeira hora da segunda-feira. Naquela noite, dormi bem. Segunda de manhã, eu estava de mala feita e pronto para partir às nove horas.

A tomografia computadorizada de acompanhamento que fiz três meses após o tratamento I131, com esses três meses dando ao radioisótopo bastante tempo para atuar sobre as células cancerosas, não apresentou

CÂNCER: UMA MONTANHA-RUSSA ASSUSTADORA

mudança em relação à varredura anterior. Quando me consultei com ele, o doutor KK disse: "Essas coisas levam tempo". No início do procedimento com radioisótopo, tinha ousado esperar que os tumores no meu fígado regrediriam drasticamente (em Edmonton, um paciente passando pelo tratamento fora "curado" – os tumores haviam desaparecido). Quando falei com ele ao telefone, M disse: "Pode demorar seis meses ou mais até vermos os resultados desse tratamento". Depois, numa nova consulta, o doutor WL disse:

– Houve uma absorção tremenda. Acho que, se não houver uma redução real do tumor, veremos os tumores se estabilizarem a longo prazo.

Voltei a escrever e a jogar hóquei no domingo de manhã, terça à noite e sexta à tarde. Tirava neve com a pá, dei um navio pirata gigante para A de Natal, tomava uma ocasional taça de vinho tinto e fui ao México com A e K para duas semanas de sol em fevereiro. As tomografias computadorizadas que foram feitas em abril, setembro e dezembro do ano seguinte não apresentaram crescimento do tumor. Os cinco anos subsequentes foram iguais – quinze tomografias, nenhuma mudança. Às vezes, não ter notícias é uma boa notícia.

* * *

— O que quero dizer é: se não posso derrotá-lo, posso viver, apesar de você.

— Ah, pare com isso, meu rapaz.

— É, soa convencido mesmo.

— Câncer não é intencionalmente malicioso, sabe? Posso ser maligno, mas não malicioso.

— Acho que encontrei a resposta à pergunta: "Por que eu?".

— Você está muita confiante. Você era mais digerível quando ficava falando sobre sua maldita saudezinha e sua maldita vidinha sexual. Resmungando.

— Uma amiga minha, que tem uma filha com câncer no cérebro, me disse recentemente: "Vocês dois são demais; um modelo para todos nós".

— As pessoas dizem coisas bobas.

— Ela estava se referindo à maneira com que combatemos vocês todos os dias. Ela sabe bem como funciona: viagens à Clínica Mayo, horas de desespero esperando resultados de exames, abraços lacrimosos em corredores antissépticos. A filha dela tem um filho de seis anos. Se ela morrer, o que vai acontecer com ele? Minha amiga usou a palavra "corajosos".

— As pessoas falam muita abobrinha.

CÂNCER: UMA MONTANHA-RUSSA ASSUSTADORA

– Ela quis dizer que éramos um exemplo para os outros, que nossa luta nos tornou modelos em que os outros poderiam mirar ao se confrontarem com suas próprias dificuldades na vida.

– As pessoas são idiotas sentimentais que querem acreditar que a bondade triunfa, que haverá progresso, melhora e crescimento.

– Você disse que eu tinha crescido, meu rapaz.

– Você é bastante repugnante quando faz isso – jogar palavras na cara, assim.

– Você disse que boas coisas vêm com o câncer. Vou colocar de forma simples: eu estava cego para certas coisas – as necessidades das outras pessoas. Cego para as vulnerabilidades delas, que considerava fraquezas. Estava cego para a compaixão, exigia demais dos outros, era rígido comigo mesmo. Achava que tinha critérios, mas o que meus comportamentos demonstravam era falta de perdão.

– Você está ficando chato, sabia? Seus discursinhos parecem latas vazias batendo ao vento. Vá embora.

– Como queira.

153

Isopor e mexedores de plástico

Deve-se apagar a vela
para ver mais claramente.

Denis Diderot

Vários meses após ser diagnosticado com síndrome carcinoide, eu estava conversando com nosso clínico geral, M, em seu consultório.

– Você acha – perguntei – que eu deveria ir a um psiquiatra?

Ele não hesitou:

– Você parece estar indo bem nesse aspecto – falou –, mas também não faz mal discutir essas coisas com um profissional. Sim, claro, se você quiser falar com alguém, conheço alguém bem recomendado. Creio que vai achá-lo sensível e pé no chão.

M tinha razão. O doutor FS trabalhava em casa, uma construção enorme de vários andares em um dos bairros da moda na cidade. Seu consultório ficava no

CÂNCER: UMA MONTANHA-RUSSA ASSUSTADORA

piso principal, depois de uma sala de espera que antes fora sala de estar. Havia uma garrafa de café em uma mesinha lateral, com copos de isopor e mexedores de plástico. Dentro do consultório propriamente dito, havia os apetrechos profissionais usuais: arquivos, algumas gravuras de artistas locais, estantes de livros, diplomas emoldurados nas paredes.

O doutor FS era um homem baixo que me contou ser maratonista depois de eu observar que ele estava em forma. Ele tinha um bloco no joelho, e anotava meus dados à medida que conversávamos: idade, estado civil, tipo de câncer, saúde geral e assim por diante. Ele queria saber quais medicamentos eu estava tomando – ou vinha tomando antes do diagnóstico. Contei-lhe sobre umas dores nas costas que tivera depois de pedalar por muito tempo nas montanhas – e do anti-inflamatório que tinha tomado na época. Também falei das enxaquecas que tinha tido alguns anos antes – somente depois de jogar hóquei – e do analgésico que tomara para aliviar. Contei sobre minhas conversas com o doutor Y, o neurologista que me examinara na época.

Eu havia perguntado para o doutor Y:

– O que posso fazer a respeito dessas dores de cabeça?

Ele disse:

155

— Você só as tem depois de jogar hóquei?

— Sim.

— Então, pare de jogar hóquei — disse o doutor Y. Eu e ele rimos daquilo na época. Então ele receitou o Cafergot.

O doutor FS e eu ríamos sobre o incidente agora.

— Alguns remédios são mais fáceis que outros — observou ele.

Nós conversamos sobre a morte súbita do meu pai, que ocorrera uns quinze meses antes de meu diagnóstico, e sobre o nascimento do meu filho, que tinha ocorrido uns quinze meses antes daquilo. Eu tinha sido demitido nessa época, também, e me separado da minha ex-mulher no mesmo período.

— Muitas mudanças — disse o doutor FS.

Falei para ele das observações de Carl Simonton sobre estresse em seu livro *Com a vida de novo*. Simonton diz que a maioria das pessoas que contraem câncer teve um evento dramático em sua vida num período de dezoito meses antes do diagnóstico (às vezes, mais que um evento dramático). Sua conclusão parece ser esta: o câncer está presente em todos nós o tempo todo, ao menos as células mutantes anormais que constituem o "câncer"; quando nosso corpo se enfraquece pelo estresse (a morte de um ente querido qualifica-se bem nesse caso, assim como o nascimento de um filho ou um casamento), o câncer tem uma oportunidade de vir à tona e, se não estivermos alertas, pode invadir nossos corpos. É uma proposição razoável: em épocas de estresse, nossos sistemas imunológicos podem falhar, deixando-nos desprotegidos diante de uma doença latente. O doutor FS concordou que isso fazia sentido.

Ele me indagou sobre minha relação com K. Eu lhe disse que éramos felizes e lhe expus nossos planos de viajar para a Europa no verão seguinte, assim como a intenção de ampliar nossa casa e instalar uma banheira, projetos que entusiasmavam a ambos. Ele me perguntou como estava K, e eu lhe assegurei que ela estava aguentando bem. Falamos sobre A e sobre a minha docência na universidade. No fim da sessão, apertamos as mãos e o doutor FS disse para eu marcar uma nova consulta para dali a três meses.

Saí um pouco decepcionado. Depois de ler o alentador livro de Carl Simonton, acho que esperava que o doutor FS investigasse profundamente o estado da minha psique e, então, recomendasse um plano de atividades, incluindo um conjunto de objetivos a alcançar, ou algo do gênero. Em vez disso, nossa conversa fora relaxada, lacônica, discreta. Eu tinha falado bastante, mas não me sentia particularmente aliviado ou reconfortado pelo que tínhamos realizado na sessão. À noite, falei com K sobre essas dúvidas. "Talvez você espere demais", disse ela. Ela me recordou de que na pós-graduação eu lera bastante sobre psicanálise, e talvez tivesse pensado que algo "pesado" aconteceria a partir da consulta com o doutor FS, mas isso não precisaria necessariamente ocorrer. Eu não estava em crise com meu câncer, observou ela, nem era, em geral, uma pessoa neurótica. Ela citou uma frase de um romance, sobre ser anormalmente normal, e rimos disso. De certa forma, estava tranquilizado pelo seu consolo – mas só de certa forma.

Três meses depois, fui ver o doutor FS novamente. Ele tinha participado de uma maratona em uma das grandes cidades americanas, e tinha batido um recorde pessoal. Ele queria saber como eu estava me sentindo. Bem. Ele parecia especialmente interessado em saber como iam as coisas com K. Senti que ele estava investigando a estabilidade da nossa relação, talvez temendo que eu pudesse ficar sozinho nesse momento delicado da minha vida, abandonado por alguém que não queria lidar com *câncer*. Ele fez anotações e perguntou como K estava. Eu o tranquilizei quanto a essa questão e perguntei:

– Ela deveria ir a um psiquiatra?

Ele balançou a cabeça:

– Não... Se ela está bem e não expressou essa vontade.

Ficou por isso.

Voltei três meses depois. Sempre gostava das nossas conversas, mas não sentia que estávamos indo para algum lugar. Talvez não devêssemos. Talvez eu tivesse a ilusão de que progressos nessa área – alcançar alguma meta – teriam um efeito positivo sobre a evolução do meu câncer. É uma equação tentadora para uma vítima de uma doença séria: a melhora em termos psicológicos pode parecer anunciar melhora em termos físicos. Nós, pacientes, tendemos a procurar esses sinais ou prenúncios. Provavelmente, o doutor FS sabia disso e não queria que eu tecesse esperanças vãs. Essas ideias circulavam pelo meu cérebro de tempos em tempos. Até que, um dia, conversando com minha irmã S, ela disse:

– Se você não está satisfeito com essa linha de terapia, por que não procura outra pessoa?

Ela recomendou o doutor JS, um psicólogo com consultório em uma casa em outra rua da moda da nossa cidade, rodeada de docerias, cafés, confeitarias, butiques, lojas de comida saudável.

O doutor JS era um homem barbudo que apertou minha mão calorosamente. Ele me guiou em um breve reconhecimento das instalações: salas de espera, consultórios, um porão com uma sala acarpetada, com módulos quadrados atapetados e caixas de brinquedos ao longo da parede.

– Fazemos terapia para expor a criança traumatizada – disse ele, à guisa de explicação.

Achei que ele quis dizer *com* crianças emocionalmente perturbadas. No andar de cima, sentamo-nos um em frente ao outro em poltronas iguais de couro. O doutor JS tinha um bloco no joelho e anotou alguns detalhes.

– Aqui, estamos interessados – disse ele – na criança perdida dentro de você.

Eu me remexi na poltrona. O doutor JS percebeu meu desconforto, mas prosseguiu:

– Nós trabalhamos muito com habitantes nativos aqui, fazemos sessões em grupo onde tentamos nos abrir para a criança ferida dentro do nosso *self* adulto, nossa criança interior.

Eu estava começando a entender: não eram crianças brincando com os brinquedos, mas adultos brincando com brinquedos como uma forma de explorar os traumas da infância, reprimidos e dolorosamente presos.

– É uma área rica, a criança interior – continuou ele –, emocionalmente falando.

Fitamo-nos por alguns minutos.

– Fale-me sobre a morte do seu pai – disse ele. Esbocei alguns detalhes: minha mãe havia encontrado meu pai no banheiro, depois de um infarto fulminante.

– Como eram seus sentimentos em relação a ele? – perguntou o doutor JS.

– Ele era um sujeito maravilhoso – respondi.

O doutor JS perguntou:

– Ele era um bom pai? Ele amava você e suas irmãs tanto quanto vocês o amavam?

Senti que minha vista estava borrando; meu corpo todo tremia. Fui subitamente tomado por uma grande sensação de perda. Ficamos sentados em silêncio por algum tempo.

– Acho – disse o doutor JS – que você se beneficiaria muito das nossas sessões em grupo da criança interior. Estamos começando uma nova na semana que vem.

Fomos juntos até a entrada e, depois de entregar-lhe o pagamento, ele pôs na minha mão um folheto sobre as sessões em grupo.

No estacionamento, fiquei um tempo sentado no carro, refletindo sobre o que tinha acontecido. O quase colapso emocional que tivera no consultório me preocupava. Sentia-me traído. Não queria negar completamente o que o doutor JS tinha desencadeado em mim: o emaranhado de emoções que ainda havia dentro de mim desde a morte do meu pai, o nascimento do meu filho, a separação da minha ex-mulher e o diagnóstico do câncer. Ao mesmo tempo, sentia-me usado, talvez manipulado seja mais exato. (Provocar uma reação intensa, como o doutor JS havia feito, rompe nossa resistência e é um atalho

CÂNCER: UMA MONTANHA-RUSSA ASSUSTADORA

para acessar sentimentos há muito sepultados, mas esse método também é constrangedor, e nem todos os pacientes estão prontos e dispostos a enfrentar a vergonha no início da terapia.) Eu não tinha certeza de que vasculhar a criança ferida dentro de mim, por mais revelador que isso pudesse ser sobre a relação que tivera com meus pais, realmente resolveria a questão mais crucial para mim no momento: o câncer em meu intestino e fígado.

Pode ser que eu tenha feito uma manobra errada nesse ponto. Não voltei a visitar o doutor JS. Estava com medo do que poderia ser revelado nessas sessões em grupo da criança ferida? Provavelmente. Mas, mais importante, segundo o que pensava então e penso hoje, eu não estava à vontade com o "programa" que o doutor JS parecia querer me impingir. Isso é algo que ocorre frequentemente, suspeito eu, em circunstâncias em que pessoas recém-diagnosticadas com uma doença séria procuram alguém que esteja disposto a ajudar. Ficamos bastante vulneráveis nesses momentos – emocionalmente frágeis, confusos, fisicamente exaustos. Procuramos os outros agindo de boa-fé, acreditando que eles nos tratarão gentilmente e ajudarão no combate à nossa enfermidade. Muito frequentemente, isso não acontece. Visto sob uma luz favorável, pode ser simplesmente uma questão de expectativas divergentes. Nós, pacientes, queremos ser vistos de maneira individual; esperamos que os médicos que consultamos nos escutem e então reajam às nossas dificuldades propondo terapias sob medida para as nossas condições únicas. Em vez disso, sinto que muitos terapeutas querem nos encaixar em seus próprios planos, tornar-nos parte de seus experimentos. O que estou dizendo não deve ser mal compreendido. Não penso que psicólogos e terapeutas sejam charlatões. Também não creio que eles fechem voluntariamente os olhos para as necessidades das pessoas que os procuram. Porém, pelo menos às vezes, eles estão tão envolvidos em sua linha de tratamento que podem ignorar o fato de que ela não é igualmente apropriada para todos os pacientes.

Em um momento no primeiro ano após o diagnóstico, K e eu fomos a uma fitoterapeuta. Ela conversou um pouco conosco e depois nos fez preencher formulários que a ajudariam a elaborar um perfil dos nossos hábitos e características: alimentação cotidiana, consumo de álcool, atividade intestinal etc. Após examinar esse material, a fitoterapeuta nos disse o tipo que cada um de nós era: K era *adrenalina* e eu era *tireoidal*. (Para mim, soava muito parecido com os quatro humores da cosmologia medieval: sanguíneo, colérico, melancólico e fleumático; categorias nada inúteis, claro, mas possivelmente menos eficientes do que diagnósticos mais

CÂNCER: UMA MONTANHA-RUSSA ASSUSTADORA

sofisticados.) Ela nos disse que tínhamos de purificar nossos corpos ingerindo uma dieta muito restrita, e depois nos indicou um plano de suplementos dietéticos e remédios fitoterápicos – à venda na sua loja – que estabilizaria e fortaleceria nossas fisiologia. Nós seguimos as indicações da fitoterapeuta. Talvez elas tenham nos ajudado. Eu não gostaria de denegrir o bom trabalho que essas pessoas fazem. Muitas vezes, elas podem nos ajudar – no mínimo, para percebermos como o que consumimos é importante para nossa saúde em geral. Ao menos, mal não podem causar. Isso me preocupa menos do que o fato de que os pacientes muitas vezes são encaixados em um programa pelas pessoas a quem procuram, em busca de ajuda. Talvez não haja outro jeito. Todo terapeuta, para obter resultados exitosos, tem que adotar uma doutrina, uma maneira geral de ver a vida, o que se pode chamar de "visão de mundo". Quando buscamos auxílio, eles concluem – sem nos dizer – que também queremos adotar sua visão de mundo. Assim, com certeza é útil estar ciente dessa tendência nas pessoas que prestam cuidados, ter em mente o fato de que certo grau de desconfiança em relação às pessoas a quem pagamos para nos ajudar pode ser uma estratégia útil: elas podem ter em mente motivos além da nossa saúde ao tratarem de nós.

No fim, a experiência com o psicólogo, doutor JS, se revelou tão insatisfatória quanto a com o psiquiatra, doutor FS. Confesso que estava procurando algo mais na linha da regeneração. Eu havia lido *Cartas de um sobrevivente: o caminho da cura através da transformação interior*, de Carl Simonton, e tinha achado muito animador seu relato sobre a peregrinação restauradora de um paciente. Reid Henson tinha se curado após um diagnóstico aterrador e tinha utilizado várias estratégias para voltar a ficar saudável, incluindo manter um diário e buscar cura espiritual. Eu não sou uma pessoa religiosa em sentido convencional. Admito, porém, ter inclinações espirituais: a crença na bondade das pessoas, a sensação de que a vida é mais do que nascer, procriar e morrer. Sou suscetível à frase de Hamlet: "Há mais coisas entre o céu e a terra do que sonha a vossa vã filosofia". Nesse aspecto, há muito sentira uma conexão espiritual com certa região em Alberta. Logo onde os sopés das colinas iniciam, cerca de trinta quilômetros a oeste de Calgary, meus ex-sogros viviam em uma casa de madeira alta e espaçosa com vista para o rio Bow. As terras do entorno haviam sido deixados incultas; o rio levava a um riacho que serpenteava entre as ravinas. Eu gostava de caminhar por lá, estudando o céu, que parecia mais baixo do que na minha cidade. Muitas vezes, pássaros circulavam no céu: gaviões, corvos, andorinhas. Havia sempre o perfume seco da pradaria, capim, junco e terra. Certa vez, em um fim de tarde de outono, estava no meu lugar preferido, no alto de uma ravina com vista para o riacho. Perdido em devaneios, senti algo a meu lado e, lançando os olhos para aquela direção, vi o que era que tinha chamado minha atenção: um lobo negro tinha saído do mato para ficar ao meu lado. Seu focinho acinzentado, com as narinas pretas como breu fremindo, estava a menos de meio metro do meu joelho. O lobo cravou seus olhos nos meus: ele tinha sentido meu olhar. Ficamos assim, estudando um ao outro por talvez até um minuto. Então, o lobo balançou a cauda e foi-se embora. Fiquei ali por algum tempo, desfrutando de um maravilhamento e de uma paz interior incomuns. Uma espécie de bênção havia acontecido. Eu não tivera nenhum desejo de tocar o animal ou de me comunicar com ele de qualquer forma; sua mera presença, sua alteridade foi o que tornou o momento especial. E ainda assim houvera um reconhecimento em nossa mútua avaliação, uma aceitação das nossas existências separadas, porém comparáveis, um sentido da beleza e majestade da vida, seja ela vivida por um homem ou por um lobo. Sempre que penso nesse momento, a sensação de bênção retorna, uma quietude transcendente semelhante ao *centro do coração* da meditação. Assim, parti em busca de um orientador espiritual. Contatos com amigos e amigos de amigos geraram vários nomes. Mas, quando tentava telefonar para essas pessoas, ou localizá-las pessoalmente – nada. Ligações não eram retornadas; cartas pareciam cair em um buraco negro. (Após repetidas tentativas, pensei, com certa perplexidade: talvez eles sejam espíritos que curam – pois não pareciam ter problemas de limitação com a presença física.)

Eu ia a um massoterapeuta fazia alguns anos. EB tinha uma sala de tratamento em um prédio perto de onde eu morava. Seu cartão de visita dizia: "Massoterapia

– Corpo, mente e espírito". Ele me fora recomendado por um amigo na época em que eu e minha ex-esposa estávamos nos separando. EB é um sujeito baixo e parrudo, de origem franco-canadense. Antigamente um executivo, ele é admiravelmente talhado para a vocação que adotou mais tarde na vida, após sua própria crise pessoal. Calmo, sensível às necessidades dos outros, suavemente espiritual, profissionalmente curioso e com mãos fortes, EB cria uma atmosfera de conforto e confiança em sua confortável sala de tratamento. Eu achava seus métodos, especialmente seu "trabalho craniano", muito relaxantes. Em nossas primeiras sessões, ele me ajudara a relaxar os músculos e liberar algumas emoções profundamente arraigadas à medida que eu me abria para suas perguntas discretas, sua conversa e seu toque restaurador. Em várias ocasiões, eu deixara sua sala e tratamento com a melhor sensação que tivera como adulto: em paz e, ao mesmo tempo, rejuvenescido. Às vezes, eu pensava: EB me ajuda a olhar para dentro de mim, a relaxar como eu sou e a imaginar o melhor que posso ser. Ele possibilitou que eu reconhecesse minhas fraquezas e ao mesmo tempo me reconstruísse, usando minhas forças. Como consequência, eu disse a EB que ele era um homem afortunado, capaz de ajudar os outros em suas crises, um verdadeiro terapeuta, ao que ele modestamente retrucou:

– Não, você é que é... eu sou apenas alguém que ajuda ao longo do caminho.

Lembro que, depois de ser diagnosticado, perguntei a EB se ele conhecia um orientador espiritual que pudesse me ajudar.

– Hum – disse ele –, assim, de cara, não, mas vou pensar a respeito.

Apesar de ser baixo, EB parece ser um homem alto, talvez por estar sempre ereto. Ele tem uma barba curta, que cofia ao pensar. Naquele dia, percebi certa hesitação quando lhe fiz meu pedido. Mas ele acenou ao se despedir na soleira da porta, e repetiu:

– Vou pensar um pouco nessa coisa de orientador espiritual.

Pouco depois, tive a oportunidade de vê-lo novamente. Enquanto mexia nos meus ombros, ele me contou sobre um garoto em estado terminal, com quem ele andava trabalhando. A condição do garoto tinha deteriorado rapidamente; seus pais pediram a EB que fosse ao hospital nos últimos dias para massagear o pescoço da criança e segurar sua mão nos momentos finais. Ele me confidenciou que sentira o momento em que a alma do menino deixou seu corpo. EB fez uma pausa após dizer isso, e continuou assim por alguns minutos. Dias depois, relatou EB, ele estava passeando na praia perto de sua casa de veraneio, perdido em pensamentos, quando sentiu uma presença de força inconfundível passar através dele. Seus cabelos ficaram em pé. A partir de então, ele vinha tendo essa sensação, ocasionalmente, uma percepção inexplicável de algo além da materialidade. Enquanto falava sobre isso, EB sacudia a cabeça, maravilhado. Pensei: "Como EB é aberto às vibrações emocionais e espirituais dos outros seres". Eu não quis interromper esse momento. Mas senti, junto com ele, a maravilha do que ele tinha vivido e a beleza da existência. Deixei EB massagear os músculos dos meus ombros e da cervical. Depois de um tempo, atingi o ponto de paz interior, uma espécie de estado de transe parecido com aquele alcançado na meditação, quando você está completamente focado e, ainda assim, totalmente em branco, com sua mente temporariamente "livre" e seu corpo relaxado em todos os sentidos. Então tive a minha própria epifania. Estava buscando algo que já tinha – um canal para o mundo espiritual.

– EB – disse eu –, eu estava estupidamente cego para isto, mas agora é claro para mim que você é meu orientador espiritual!

Ele riu, sem confirmar nem refutar a afirmação. Mas reconheci na hora a verdade da revelação. Senti em todo o meu ser, e estava chocado por não tê-lo percebido antes. O problema era o seguinte: não pensava em EB como um orientador do espírito. Sabia há muito tempo que ele era um terapeuta, mas da maneira simplória em que o tinha classificado – um massoterapeuta, alguém que cuida somente do corpo (eu não via as palavras "mente" e "espírito" em seu cartão há anos) –, do mesmo modo que mencionei neste capítulo ao criticar os outros. É. Shakespeare tinha razão. *Há* mais coisas na vida do que o sonhado pela filosofia de qualquer um, inclusive a minha.

* * *

— Quando disse que posso viver "apesar de você", quis dizer que posso viver com câncer; posso, digamos, preparar receitas finas, para proclamar a beleza da vida e do viver. Ou posso escrever, apesar do câncer.

— Você vai morrer, meu rapaz.

— Todos vão morrer.

— Fale à vontade. Estou aqui, eu existo; não vou embora.

— Isso eu aceito.

— Então por que todo esse barulho, para que toda essa confusão?

— Posso lhe fazer a mesma pergunta. Em vez disso, digo que é como no judô ou outra arte marcial: use a força do oponente contra ele. Desarme-o com a melhor arma dele.

— Desista. Você está complicando tudo com contradições e paradoxos.

— Use a força do adversário contra ele.

— Blá-blá-blá...

– Escrever é um ato de desafio ao câncer: o mesmo com pintura, ou canto, ou dezenas de outras coisas. E não apenas as artes. Esportes, caminhadas, corridas. Você não faz essas coisas só pelo prazer. Você escreve, por exemplo, para aprender. Você escreve para exorcizar seus demônios.

– Você não vai se livrar tão facilmente de mim, não pode me fazer desaparecer com palavras.

– Você olha para o fundo, usa palavras para trazer o demônio para a luz. Trazer o demônio à luz o diminui. Mostra o que ele realmente é, e enfraquece o seu controle sobre você. Murcha o poder dele sobre você. Ele se torna só mais uma coisa que o acometeu – como queda de cabelo.

– Eu mato. Eu triunfo. Não sou um dente podre.

– Você é má sorte. Mas silencia perante os fatos reais: você é somente outra coisa a ser vivida, como diabetes, ou esclerose múltipla, ou doença de Crohn. Não é maior que muitas outras doenças crônicas. É somente câncer.

– Não aceito nada disso.

– Você está ficando irritado.

– Eu levo a melhor.

– Suas afirmações estridentes são como um alarme.

– As células mutantes vencem.

– Eu desestabilizo seu controle sobre nossa imaginação.

– Quem é esse eu?

– Eu que estou participando dessa tal "Corrida Maluca do Câncer". Ao trazer você para a luz por meio de diários, anotações e meditações escritas, mostro em que realmente consiste seu poder sobre mim, Senhor Bicho-Papão.

– Morte?

– Você já viu uma biruta? Quando o vento muda de repente, ela vira do avesso, e o que estava dentro vai para fora, e vice-versa. Quando enfrentamos o câncer, em vez de fugirmos dele, a mesma coisa acontece. Nós o viramos do avesso e vemos o que você realmente é, e então não nos assusta mais.

– Droga!

– Você perde seu ferrão.

– Besteira, bobagem.

– Como queira.

Chama vacilante

*Lepidus Quintius Aemilius, saindo de casa,
bateu seu grande dedão no batente e morreu.*

A aula de meditação era dada na Universidade de Winnipeg, em um pequeno auditório projetado para talvez sessenta pessoas. Quando me sentei mais para o fundo da sala, cerca de metade dos lugares estava ocupada. As pessoas pareciam estar chegando em pares e trios, pequenos grupos sussurrando baixinho. Uns cinco minutos depois do horário de início, um sujeito magro de uns trinta e tantos anos, com cabelos loiros que rareavam, foi até a frente. Usava jeans e um pesado pulôver. Ele sorria ao colocar as coisas que trouxera sobre a mesa. Escreveu seu nome com giz no quadro: G.

G nos disse que estava ali para nos falar sobre meditação. Iríamos aprender da mesma forma que ele aprendera do mestre chamado Sri Chimoy. Ele escreveu esse nome no quadro também. G nos disse que ioga era uma palavra genérica para toda espécie de meditação, não apenas para o tipo que ele chamava de meditação

CÂNCER: UMA MONTANHA-RUSSA ASSUSTADORA

física, exercícios de ioga. Falou que havia várias etapas para se aprender a meditar. Escreveu a palavra *concentração* no quadro e falou sobre ela. Era a primeira de sete etapas na meditação, explicou G. Algumas das outras eram *relaxamento* e *mantra*. Ele falou que Sri Chimoy lhe dissera: "Eu medito para libertar minha mente". As palavras fluíam com facilidade de G. Às vezes, ele falava sobre si mesmo: havia abandonado uma carreira na área de imóveis, queria ser escritor. Em outros momentos, falava sobre as dificuldades da meditação; em outros, sobre seu mestre, Sri Chimoy, que, segundo G, conseguia erguer pesos enormes porque reunia imensa concentração. G disse que estávamos buscando uma versão dessa concentração, chamada "centro do coração".

De tempos em tempos, ele olhava ao redor da sala – paredes cinza institucionais, mesas de plástico dispostas em fileiras, piso de lajotas, lâmpadas fluorescentes. Não exatamente o ambiente mais convidativo para jornadas rumo às profundezas do *self* interior.

G havia entrado na sala com vários livros e uma sacolinha, parecida com a que as empresas aéreas dão aos passageiros. Ele se sentou na borda da mesa sobre o estrado que ficava na frente da sala. Riu por ter chegado atrasado à nossa sessão naquela manhã.

177

– Há dois tipos de tempo – explicou ele –, o tempo comum e o tempo da meditação.

Disse-nos que sempre tinha de explicar aos amigos em que tipo de tempo ele estava funcionando em cada ocasião. G tirou da sacola uma vela e um pequeno suporte. Pôs essas coisas sobre a mesa. Até aquele ponto, tinha falado sobre muitas coisas, incluindo a mente, que chamava de "a fera", porque estava sempre devorando coisas, como o tempo, e querendo ter tudo para si. G mexeu na vela até que ela ficou de pé sozinha sobre o suporte. Tinha passado muito tempo falando sobre concentração, mas agora, disse, era hora de realmente se concentrar. Acendeu a vela e desligou as luzes do auditório. Foco na vela, disse ele, e pensem apenas na luz bruxuleante. Nós tentamos. Parecia fácil. Depois de uns trinta segundos, G disse:

– Assim é fácil. O segredo é conseguir fazer isso por longos períodos de tempo.

Tentamos nos concentrar na vela por um minuto, mais ou menos. Ele tinha razão. A mente saltava de um lado para o outro. Num instante você estava pensando na chama vacilante, e no outro já via que estava recordando uma conversa que tivera de manhã, sem nem se dar conta de que seu pensamento tinha pulado de um para o outro. Era difícil manter um foco tão apurado, que nunca se perdesse da chama. G riu e disse que tínhamos que aprender a libertar a mente dela mesma. Ele se pôs a nos explicar o que ele chamava de "o peteleco". Sempre que sentíssemos que nossa mente estava prestes a saltar da vela para outra coisa, devíamos dar um peteleco no que quer que tivesse aparecido na nossa mente. Ele arremedou um de nós pensando com si mesmo:

– O que era mesmo que disseram sobre o tempo de amanhã na rádio? – e então estalou os dedos e disse:
– Peteleco.

Treinamos isso também. Concentrar-se. Sentir a mente, a fera, prestes a saltar. Peteleco. Depois de uns vinte minutos, começou a ficar mais fácil manter a

concentração por mais de um minuto. Mas também não era fácil se focar tão intensamente por longos períodos de tempo. G explicou que não nos deveríamos constranger com isso.

– Foco total – explanou ele –, meditar de verdade, vem e vai em ondas.

Ele fez no ar um movimento com a mão, uma montanha-russa. Tínhamos que aprender a tolerar os momentos em que perdíamos o foco e prepararmo-nos para o próximo. Tínhamos que aprender a ter paciência e humor em relação ao que estávamos fazendo.

– Talvez – disse G – esta vela não funcione para alguns de vocês, então fechem os olhos e tentem pensar em uma chama de vela na mente.

E assim foi. Treinamos meditação por períodos curtos, e no intervalo desses breves períodos de experiência com ioga, G falava sobre o que a meditação tinha feito para algumas pessoas – incluindo ele – e sobre a meditação como estilo de vida. Pessoas em todo o mundo procuram a meditação em épocas de ansiedade, infortúnio e trauma, e encontram nela uma força interior que as ajuda a passar por essas crises pessoais. Elas são, nas palavras dele, pessoas "mais integradas". Elas passam por uma mudança de valores (para alguns, uma mudança pequena; para outros, bem grande). Muitos

CÂNCER: UMA MONTANHA-RUSSA ASSUSTADORA

deixam de pôr tanta ênfase em ser o maioral, subir a escadaria do sucesso, ter posses etc. Outros curam feridas interiores e conseguem se reconectar a familiares após anos de separação. Assim, a meditação pode ser um poderoso agente do bem-estar. No entanto, advertiu G, a meditação não é uma panaceia para tudo que deu errado em nossa vida, mas uma maneira muito eficiente de se chegar a compreensões fundamentais sobre nós mesmos, que nos podem ajudar a voltar a focar nossa vida.

Após cerca de duas horas de sessão, tentamos uma meditação mais longa. Como a *fera* mental da maioria dos outros presentes na sala, presumi, minha mente fugia da vela depois de um minuto, mais ou menos, mas também voltava à vela e, depois de uns quinze minutos de sessão, senti meus olhos (apertados um pouco, no que G chamava de "o olhar do leão") se umedecerem levemente e minha respiração entrar em ritmos profundos e tranquilos. Inesperadamente, alguma coisa no meu peito cedeu, e por cerca de um minuto senti uma maravilhosa paz e quietude descer sobre mim; nesse curto espaço de tempo, não precisava mais me focar na chama da vela, mas estava, na verdade, completamente focado nela e em nada mais. Sem esforço. Focado sem nem tentar, parecia. Foi um lampejo de tempo numa espécie de transe, não mais que um minuto, e depois passou. Mas, quando G ligou a luz da sala, eu sabia que tinha passado pelo "centro do coração", que tinha meditado. Senti-me ao mesmo tempo livre e totalmente envolvido.

Durante cerca de um ano e meio após ser diagnosticado, meditei diariamente. Ganhei bastante prática em chegar ao centro do coração, uma paz profunda que começa na cavidade torácica e se espalha por todo o corpo, manifestando-se mais evidentemente no relaxamento dos músculos oculares e na respiração ritmada e tranquila. Quando viajávamos para outra cidade e para a Europa, eu levava uma vela e fósforos. A meditação era um momento especial e importante para mim, todos os dias. Percebi que tudo girava em torno da respiração, de aprender a ouvir todas as fibras do meu corpo vibrarem com o bem-estar de *Ohm* e *Aum*.

CÂNCER: UMA MONTANHA-RUSSA ASSUSTADORA

G havia nos dito que a meditação era particularmente eficiente para aliviar estresse. Eu sempre tivera um ritmo cardíaco baixo, mas ele tinha razão a respeito de outros aspectos que não meramente desacelerar. A meditação me ensinou a ficar em paz comigo mesmo e com o meu ser. Sem me ensinar nada específico sobre a vida – como ser mais cordial com as pessoas a meu redor, por exemplo –, tinha (e continua tendo) esse efeito sobre o meu comportamento. É uma *clareira* na maior parte dos meus dias, uma espécie de oásis onde me acalmo, volto-me para dentro de mim e fico em paz comigo mesmo e com a minha situação. Dessa "clareira" flui uma atmosfera que me sustenta por horas, uma atmosfera em que as coisas que normalmente me afetam e me causam ansiedade escorrem de mim em uma cascata espumante. Por outro lado, cria em mim uma atmosfera positiva, em que tendo mais a realizar pequenos e deslembrados atos de gentileza e amor. Assim, a meditação não é somente um refúgio, um afastamento do mundo, um retiro, mas algo que me possibilita voltar ao cotidiano renovado e revigorado, capaz de ser uma pessoa mais forte, porém mais cordial. Não são coisas fáceis de se alcançar – e não são coisas fáceis de se escrever a respeito sem a sensação de que se está caindo em uma espécie de casuística. Mas funciona. Sou agradecido a G por ter me ensinado. Como várias pessoas que conheci desde que fui diagnosticado, G está aí ajudando os outros do seu jeito, sereno, discreto, de pulôver grosso, um sujeito sensível e solícito, que tem como recompensa por sua gentileza não riqueza ou fama, mas seu próprio centro do coração.

Meditação provavelmente não é para todo mundo. Nem a visualização – uma técnica de foco total que tem como objetivo desde o alívio da ansiedade em momentos de estresse até a real interferência no estado físico de alguém. Você provavelmente já viu atletas em grandes competições na frente da barra ou do caminho até a areia, mentalmente ensaiando cada passo que vão dar. Essa estratégia de foco mental pode produzir resultados notáveis, tanto no campo da competição como fora dele. Bernie Siegel diz em um de seus livros que conheceu pacientes que praticavam visualização para limitar a quantidade de sangue que perderiam na cirurgia. Muitos pacientes atestaram o poder da mente na correção de um mal físico (como tensão nos ombros ou dor nas costas). Carl Simonton diz que pacientes que visualizam as células saudáveis de seus corpos atacando as cancerosas vivem mais e têm uma vida mais plena que os outros. Ninguém menos que Norman Cousins, uma autoridade nessa área, diz que a recuperação resulta da disposição

CÂNCER: UMA MONTANHA-RUSSA ASSUSTADORA

interna da pessoa em relação à doença e ao processo de cura: todo paciente, propõe ele, carrega seu próprio médico dentro de si. Existem muitos – e, entre eles, vários que não sofrem de nenhuma doença séria – que creem piamente na visualização e a praticam todo santo dia. Demora um pouco para aprender, e não é fácil arranjar tempo para fazer todos os dias, mas pode ser verdadeiramente eficaz para tratar de sua condição. No mínimo, vale a pena tentar a visualização. Minha irmã mais velha a usa para reduzir o estresse quando volta do trabalho; quando K sente uma dor de garganta chegando – o prelúdio de uma gripe –, ela toma várias cápsulas de vitamina C, visualiza os antioxidantes atacando as células dos germes e, em uma alta porcentagem dos casos, evita a gripe.

No meu caso específico, a visualização acabou compreendendo a seguinte sequência: sentado confortavelmente em minha posição de meditação, fixo minha atenção em relaxar os músculos do corpo, indo sistematicamente do couro cabeludo, pelas têmporas, maxilar etc., até chegar aos intestinos ou mesmo mais longe. Quando me sinto completamente integrado, começo a visualizar as células T-matadoras em minhas artérias, imagino-as na circulação sanguínea, vasculhando e, então, saltando sobre as células cancerosas dos tumores no meu fígado (vi um vídeo sobre isso, bem explícito, e reenceno o que vi no vídeo – vigorosas células T-matadoras atacando e destruindo as células anormais). Com os olhos fechados e mentalmente concentrado no combate visual que evoquei, recapitulo essa situação por uns dez ou quinze minutos seguidos, sentindo como esses intensos atos psíquicos dão suporte ao funcionamento do processo fisiológico que ocorre em meu corpo. Sinto-me bem com a experiência, sinto que estou complementando a ação do Interferon no meu sistema, sinto que estou dando um passo importante rumo à saúde. Visualização é uma estratégia que posso usar em meu proveito.

Mas... por um breve período de alguns meses, tive que abrir mão da visualização e da meditação. Crendo firmemente no poder da mente, transformei em rotina diária regular meditar por meia hora e então praticar visualização na meia hora imediatamente seguinte. Funcionou no curto prazo, trazendo vários resultados e sentimentos positivos. Talvez o sucesso precoce tenha sido uma espécie de maldição. O sucesso me estimulou a realmente me esforçar na visualização. Contudo, no longo prazo descobri que tanta concentração intensa tinha um efeito negativo também. Internamente, eu estava "amarrando-me", e um dos resultados foi fisiológico:

CÂNCER: UMA MONTANHA-RUSSA ASSUSTADORA

meu intestino às vezes ficava tenso e embrulhado, eu ficava levemente enjoado. Depois, ficava constipado. Assim, parei de praticar meditação seguida de visualização. Eu me dei um tempo na atividade mental intensa. Câncer, pode-se dizer sem exagero, é uma doença que consome – é como se consumisse o corpo. Mas, ao mesmo tempo, pode ser uma enfermidade que consome mentalmente, ocupando a mente e os pensamentos de forma tão completa que acaba pondo em perigo a psique também.

Assim, sentar-se em silêncio e curar-se de uma doença "pensando" pode não ser o caminho para todos, mas pode ser eficaz. O mesmo pode ser dito da oração. Criei o costume de rezar no início da minha vida: o Pai-Nosso, o Credo etc. Rezava bastante até uns quinze anos e depois me afastei da Igreja, de Deus e da oração. Uma história nada incomum. A oração é um tipo de conversa com Deus – com algo maior que nós, de qualquer forma. Aprendi a ver a oração dessa maneira depois de ter contraído câncer. Já rezei em desespero – como todos fazemos em momentos de grande pavor (lembre-se da frase: "Não há ateus nas trincheiras"). Mas também aprendi a "rezar" pedindo orientação de Deus, pedindo maior compreensão da minha condição, da minha vida e do meu comportamento às vezes errático e danoso. Aprendi que somente despojando-se dessa maneira, somente pronunciando as palavras é que se abre a porta para entender e depois melhorar. Somos muito relutantes em despirmo-nos do orgulho. Como a meditação, a oração é uma maneira de entrar profundamente em contato com o *self* para vê-lo na sua face mais nua, fraca, assustada e – paradoxalmente – para sair momentaneamente do *self* e imaginar como as coisas poderiam ser diferentes. Você não precisa ser piedoso para rezar, e talvez não se torne religioso só rezando, mas se rezar ficará mais espiritualizado. Não é preciso ter medo disso.

As ferramentas do meu pai ficaram para mim, depois que ele morreu. Às vezes, estou no porão, mexendo com um martelo, uma furadeira ou chave de fenda, e ouço-me dizendo: "Ah, pai...". Recordo a imagem mental do meu pai na última vez em que o vi vivo, vestindo um cardigã marrom e verde, acenando da porta enquanto íamos embora. Eu me escuto dizer, baixinho: "Temos saudade de você, pai", ou: "Tento ser um pai tão bom para o meu filho quanto você foi para mim". Essas expressões, direcionadas um pouco para nós, um pouco para nossos entes queridos que não estão mais entre nós, são uma espécie de oração: reconhecimentos da nossa dívida para com aqueles que se foram antes de nós, pedidos de orientação pela presença deles, comentários otimistas que esperamos que melhorem nossa perspectiva de vida e mudem nosso comportamento. Orações para "Deus" são parecidas: expressões que procedem de várias necessidades e que são tanto lembretes para nós mesmos sermos fortes e corajosos quanto apelos a um ser superior para fazer as coisas *por* nós.

Imergir em mim mesmo no caminho da meditação, visualização e oração não foi fácil. Todas elas exigem aquela combinação paradoxal de intensa concentração e relaxamento mental que leva a epifanias e revelações. No início, focar-se dessa maneira foi frustrante; o progresso era lento. Como a maioria das coisas que valem a pena, exercícios espirituais exigem muita prática e paciência. Também, posso ter resistido ao lado espiritual dessas atividades por outra razão. Meditação, visualização e oração, todas elas exigem, cada uma à sua maneira, um despojamento do *self* perante as complexidades e mistérios do cosmo. Para essas técnicas funcionarem, tive que aprender a confessar – mesmo que somente para mim mesmo – fraqueza e vulnerabilidade. Além do mais, tive que aceitar que melhorar a minha situação exigiria examinar toda a minha vida, e havia uma parte de mim que preferia não dar esse passo desagradável. Em vários pontos, tive de admitir que cometi erros – como magoar pessoas queridas – no passado, e reconhecer que era hora de consertar. Esses compromissos exigem abrir mão do controle sobre nosso *self* cotidiano e submetê-lo a um atento escrutínio. Para mim, como para muitas pessoas, esses reconhecimentos foram perturbadores, e exigiram bastante esforço emocional.

A recompensa desse despojamento do *self* é a abertura das linhas de comunicação dentro de si. Sabe quando há alguém falando só para ouvir a si mesmo – blá-blá-blá –, mas não está dizendo nada? É um monólogo que por acaso possui o supérfluo de um ouvinte, não um diálogo. Um diálogo tem dois lados e promove uma troca mútua. Se você é como eu, provavelmente tem conversas com si mesmo, discutindo ambos os lados de um problema ou conflito. Com essas trocas, aprendemos a dar voz a várias posições, ao desempenharmos ambos os papéis. Nesses diálogos interiores, descobrimos coisas que não sabíamos que sabíamos, ou ao menos os termos que os expressam da forma mais adequada e proveitosa. Muitas vezes, chegamos a decisões dessa maneira, ou a um desenlace. Mas mesmo esse tipo de conversa, o falar com si mesmo, funciona melhor quando você realmente ouve a si mesmo e trata das questões que são produzidas pelas outras vozes do diálogo interior – em vez de simplesmente externar suas opiniões formadas preferidas. Você tem que ouvir o seu *self*, a melhor parte do seu *self*, assim como tem que ouvir os outros em uma conversa. Por mais estranho que possa parecer inicialmente, a fim de superar o câncer, tem que aprender a ter uma relação com si mesmo.

As melhoras em nossa condição física se desenvolvem lentamente. Raramente passamos por um procedimento que altera milagrosamente nossa saúde para melhor. Isso geralmente se dá em pequenos incrementos, que se acumulam, às vezes como resultado de um processo em que parece que dois passos para a frente custam um para trás. No início deste livro, mencionei a história bíblica de Saulo no caminho para Damasco. É uma história inspiradora, a narrativa de uma súbita e impressionante conversão, mas não tem a ver com a vida que a maioria de nós leva. Nossas vidas não se constroem com repetições incrementais que levam à melhora ao longo do tempo. Nós reunimos força aos poucos; ganhamos compreensões que se acumulam, raramente em um ofuscante raio de luz. A jornada da cura lembra mais o prolongado e, às vezes, exasperante vaguear de Moisés no deserto do que Saulo no caminho para Damasco.

A cura vem a nós por todo tipo de caminho. Os medicamentos que tomamos para combater as doenças que contraímos; os tratamentos que fazemos modificam os desequilíbrios tóxicos em nossos corpos; a cirurgia pode eliminar uma lesão que está em metástase e produzindo outras; medicamentos fitoterápicos introduzem em nossos corpos doses de produtos que reajustam nossa química orgânica; a massoterapia relaxa nossos músculos e nos dá uma atitude mais livre perante o dia a dia; a psicoterapia nos ajuda a lidar com os problemas suscitados pela nossa doença. E assim por diante. A cura não é unidimensional. Os recursos estão em toda a nossa volta – invenções criadas para resolver necessidades psicológicas, acupuntura, canto em grupo, e muitos outros. Meditação, visualização e oração são três avenidas para o poder da mente, aquele parceiro silencioso do corpo que pode ser acionado para conquistas positivas. Você com certeza já se deparou com a ideia de que os seres humanos só usam uma pequena parte do cérebro. Meditação, visualização e oração acessam algumas das outras partes das nossas capacidades mentais, guiando-nos ao *self* interior e ajudando-nos a curar esse *self*, assim como a curar seu elemento orgânico parceiro que chamamos de "corpo". Alguns médicos (e a maioria dos que praticam medicina alternativa) dizem que nenhuma cura pode ocorrer sem a disposição mental correta do paciente. Apesar de não podermos nos curar sozinhos, é possível criar melhores condições para que a cura aconteça; por meio de atos mentais, podemos nos abrir para o leque de possibilidades de cura, e então deixar essas possibilidades florescerem como quiserem.

* * *

– Você é um saco de gás, meu rapaz, e bem pomposo, por sinal.

– Ofensas... Não vou entrar nessa.

– O seu ego é qualquer coisa, sabia? Você entende uma coisinha e a sua cabeça já fica inflada que nem um balão.

— Eu não vou me deixar levar pelos suas ofensas; não vou ser provocado porque...

— Então ouça os fatos. Você tem câncer. Essa é a sua realidade.

— Essa é uma das minhas realidades. Outra é que eu tenho amigos queridos. Outra é que tenho uma mulher amorosa; outra, um filho alegre; outra, uma família feliz. Preciso continuar?

— Dá um tempo...

— É uma longa lista. Inclui oração, meditação, andar de bicicleta, rir com o Bill Cosby, massoterapia, ler um bom livro.

— Câncer.

— Inclui caminhadas, cantar com Stan Rogers, passar um dia inteiro cozinhando um delicioso prato para os amigos.

— A última palavra é nossa: morte.

— Essa famosa última palavra não é nada mais que uma ninharia patética: porque, no fim, não se trata de ganhar.

— "Sucumbiu ao câncer", vai estar no seu obituário.

— "Amou sua família; jogava tênis; passeou de bicicleta pela Europa."

— Ah, desista... Você é como um adolescente que descobriu os prazeres do corpo: não consegue parar de brincar com si mesmo; não consegue parar de falar a respeito.

- "Publicou uma dúzia de livros; construiu uma adega."
- Você dá vontade de chorar de tão chato. Vá embora.
- Como queira.

Esteiras

Deves mudar a tua vida.

Rainer Marie Rilke

Ser diagnosticado com câncer pode dar a sensação de levar um forte soco no *plexus solar*: por um tempo – semanas, até mesmo meses –, cambaleia, sem fôlego, emocionalmente falando. Você se sente perdido; se sente desfocado, derrotado. O pavor da morte cai sobre você como uma sombra escura, e quando sobe é substituída por uma profunda inércia. Não há como evitar pensar: "Qual é o sentido?". Tudo que você estava planejando virou cinzas; o futuro que antecipava se desfaz diante de seus olhos. A vida que levava parece subitamente sem sentido, e o valor de ir em frente evapora.

No mundo ocidental, nós somos, por uma grande parte de nossa vida, motivados por metas – frequentemente *guiados*, para ser mais exato. Buscamos ter sucesso no trabalho, acumular riquezas, criar uma família feliz, ser alguém. Ansiamos por chegar a uma posição de poder, ganhar uma remuneração favorável, ver nossos

CÂNCER: UMA MONTANHA-RUSSA ASSUSTADORA

filhos terem sucesso, aposentarmo-nos. Singramos por nossas ocupações e em nossas famílias, mais ou menos felizes com nosso quinhão na vida e satisfeitos com quem somos, construindo uma vida. Inconscientemente, adotamos o dizer do poeta: "um homem deve ir além do seu alcance". Então ficamos sabendo que temos uma doença com risco de vida, e as velas perdem o vento.

Em resumo, ter tido uma vida de realizações pode ser uma espécie de maldição. Estar motivado para altas metas tem muitos benefícios óbvios: realização, sucesso, valor próprio, riqueza. Mas também tem um lado ruim. Quando essas altas metas parecem inatingíveis, pode-se mergulhar em uma queda séria. Metas altas podem lançar uma nuvem escura sobre nosso senso de valor próprio quando – ou se – sentimos que não mais podemos alcançá-las.

É fácil desistir no período imediatamente após o diagnóstico – desistir de si mesmo, da sua família, do trabalho. Debilitação física e exaustão mental se combinam para drenar sua energia. Tratamentos, especialmente quimioterapia, desgastam o corpo; nada parece mais bem-vindo do que retiro prolongado do mundo cotidiano e descanso profundo. A fisionomia muda – às vezes, drasticamente. Perdem-se cabelos, a pele fica cinzenta, emagrecemos muito. Não ficamos satisfeito com o que vemos no espelho, e trememos ao sair para o mundo e sermos vistos pelos que nos conheciam quando éramos robustos e saudáveis. Além disso, muitos de nós pensam que se tornaram meras sombras do antigo "eu". Se antes podíamos fazer grandes refeições, trabalhar por muitas horas e realizar atividade física intensa, agora nos vemos facilmente cansados e com assustadoramente pouco da energia que impulsionava nossa vida até algum tempo atrás. Podemos pensar: "Sou apenas metade do que era". Podemos ficar tentados a desistir porque não somos mais o espécime vigoroso de antes. E pensamentos desse tipo nos levam a uma espiral de abatimento, depressão e desespero.

Esse é um período crucial na experiência do câncer. Nessa hora, precisamos fazer um esforço deliberado para cerrar os dentes e voltar a nos envolver com a vida. É aqui que metas servem a um propósito crítico. Metas, mesmo quando temos uma doença terminal, dão-nos algo por que ansiar, dão-nos a força para seguir adiante, minuto após minuto, dia após dia, ano após ano. Elas voltam nosso pensamento para fora, para longe da nossa condição debilitante e em direção a aspectos estimulantes da vivência, como família, passeios, realizações e amigos. Em suma, as metas tornam o futuro possível por ser o futuro que podemos projetar e buscar. E, sem

CÂNCER: UMA MONTANHA-RUSSA ASSUSTADORA

uma noção do futuro, nós, seres humanos comuns, temos muita dificuldade em seguir adiante, dia após dia. Porém – sempre tem um *porém*, não é? –, pode ser importante, talvez essencial, no período diretamente após o diagnóstico, redefinir suas metas. Transformá-las. Imediatamente após ser diagnosticado, pode ser difícil manter metas, ou mesmo pensar em ter metas. Eu me lembro de pensar, quase instantaneamente após ouvir *você tem câncer*, que meu filho, então com três anos, cresceria sem pai. Criar os filhos é uma meta que geralmente damos como subentendida. Mas fiquei devastado com esse pensamento. Imaginava meu filho passando por seus anos de formação sem mim, e as imagens que invoquei feriram fundo. Demorou semanas até compreender melhor minha condição e estabelecer para mim uma meta ambiciosa, mas tentadora: vê-lo se formando no ensino médio. A partir daí, acrescentei várias outras metas a esse objetivo simples, porém sedutor: restabelecer contato com antigos amigos, visitar certo lugares, concluir a escrita de determinados livros, e assim por diante.

São metas ambiciosas, objetivos de longo prazo que espero alcançar. No início, é mais sábio estabelecer metas mais restritas. Isso pode ser difícil, especialmente para os que estão acostumados a trabalhar duro e obter muito resultado. No primeiro rompante para vencer o câncer, nossa reação inicial à reabilitação pode ser estabelecer metas altas demais; podemos pensar que, se resistirmos tenazmente ao câncer, poderemos aplicar-lhe um golpe definitivo e derrotá-lo completa e rapidamente. Esse pode ser um terrível erro de julgamento, levando à exaustão dos nossos recursos e a maior debilitação do nosso corpo. A coisa mais sensata a fazer é estabelecer metas que estejam dentro do nosso alcance. (Assim, podemos aferir quais são os limites externos da nossa força e aprender a trabalhar dentro deles – muito melhor do que esgotar o corpo ou se frustrar com objetivos que não estão mais dentro da nossa possibilidade.) Carl Simonton sugere fazer uma tabela ou gráfico: ele recomenda que se ponham nele metas diárias (tais como fazer uma boa refeição), metas semanais (digamos, dar uma caminhada com uma distância específica), metas mensais, e assim por diante. Estabelecer essas metas simples serve a várias funções: elas nos mantêm focados em coisas que *podemos* realizar, em vez de nas coisas que não podemos mais fazer. Elas nos dão um propósito; nos dão um futuro. Se você criar uma tabela, verá que riscar os itens que realiza – seja no papel, seja só na cabeça – tem uma importante função psicológica. Riscar as metas quando elas são atingidas nos sustenta de uma forma fundamental: cultiva uma sensação de realização, um importante estímulo psicológico em um período ameaçador da vida, quando provavelmente parece que nada mais pode ser realizado. Isso é verdadeiro tanto para metas muito pequenas quanto para as grandes: até mesmo sentar na cama, ler um capítulo de um livro ou falar ao telefone pode ser uma realização satisfatória em certos pontos da jornada do câncer.

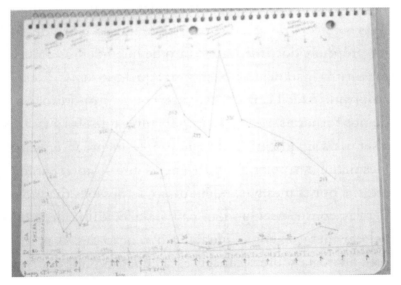

Quaisquer que sejam as metas que tenha estabelecido para si, e como quer que pretenda alcançá-las, a coisa mais importante aqui é equilíbrio. Praticamente todos concordam que viver (e sobreviver) com câncer requer certa dedicação à tarefa de sobrevivência. Requer uma atitude para a frente, comprometimento com objetivos, um senso de futuro. É importante ter metas, mas não deixar que elas dominem sua vivência diária. Em nossa sociedade, gostamos de manter registros das coisas. O mundo dos esportes de hoje parece dominado por estatísticas: salários, gols, vitórias etc. Os que não estão no mundo dos esportes têm suas próprias versões dessas estatísticas: tempo de trabalho, salário, dias sem faltar. Tais medições de objetivo constroem nosso senso de valor próprio e documentam o fato de que fizemos coisas; em última instância, que estamos aqui, que *somos*. Nesse ambiente, é fácil cair em certos erros de proporção: podemos tornar as metas tão importantes que elas passam a ser mais significativas do que simplesmente viver, simplesmente desfrutar as experiências que se apresentam, em si e por si mesmas. Além disso, as pessoas diagnosticadas com câncer podem cair na armadilha de estabelecer metas e, então, igualar a obtenção dessas metas com a vitória sobre o câncer (essa equação pode ocorrer no inconsciente, não no consciente); mas, qualquer que seja o caso, alcançá-las não é necessariamente derrotar o câncer: tudo que se conseguiu foi alcançar as metas.

Alguns anos atrás, conheci uma paciente de câncer que me contou o seguinte ensinamento moral: CB

CÂNCER: UMA MONTANHA-RUSSA ASSUSTADORA

era uma ex-atleta. Logo após o diagnóstico, ela se impôs a meta de malhar vinte minutos todos os dias. Estava acostumada a uma hora e meia. Na sua cabeça, confessou CB, formou-se uma equação inconsciente: fazer o treino passou a significar vencer a batalha contra o câncer. Assim, ela desenvolveu uma sequência: correr na esteira, levantar peso, pedalar, usar o *transport*. Ela suou; treinou; ateve-se ao programa. Um dia, no meio do treino, desmaiou e acordou na enfermaria, com compressas geladas na testa. Ela tinha se extenuado com o exercício. Na sua determinação para vencer o câncer, CB tinha se exaurido, punindo seu corpo no esforço de torná-lo mais saudável. Ironicamente, tinha se escravizado a uma meta de curto prazo que estava sabotando seu propósito geral maior – melhora da saúde e qualidade de vida.

No capítulo intitulado "Chama vacilante", documentei brevemente como meditar e visualizar por uma hora, todos os dias (uma meta que me impus no início da minha jornada de cura), na verdade "se voltou" contra mim, causando-me desconforto físico ao invés de ajudar a atingir as metas de relaxamento e derrota do câncer, que era o que tinha estabelecido para mim. Essa é uma armadilha em que é fácil cair. Ficamos ávidos por provar que estamos derrotando a doença, que estamos vencendo. Outro capítulo identifica algo como o mais importante na jornada do câncer: reinventar a si mesmo. Isso significa ver a si mesmo de maneira nova e reavaliar sua vivência: reconhecer os limites da sua energia e admitir os limites que uma doença com risco de vida impôs à sua condição humana; mas também reconhecer onde há possibilidade de crescimento, de ser mais do que antes do câncer.

Criado nos anos 1950, eu aprendera que meus deveres como homem era ser um bom provedor e um forte pai de família. Para tal, deve-se ser bem-sucedido. Como a maioria dos homens da minha geração, trabalhei muito e com o tempo consegui o sucesso que era esperado de nós: casa no subúrbio, carros, conta bancária etc. Embora não cegamente ambicioso, nem implacável na minha ascensão pela escala organizacional, havia seguido um traçado típico para homens da minha geração. No trabalho, buscavam minha orientação, seguiam meu conselho; ofereceram-me promoções e acumulei dinheiro. Tinha orgulho dessas coisas – elas demonstravam que eu era alguém na vida. Eu associava essas coisas com masculinidade e tornei-me um modelo de sucesso "masculino". Mas negligenciara outras coisas na minha vida: era fechado emocionalmente; raramente expunha minhas vulnerabilidades, e via mostras disso nos outros como sinal de personalidade fraca, um indicativo de

CÂNCER: UMA MONTANHA-RUSSA ASSUSTADORA

fracasso. Em termos de simpatia, compaixão e abertura, fiquei não desenvolvido – ou subdesenvolvido.

Em termos mais específicos, reinventar-me significou – e continua significando – ver-me como diferente de antes do diagnóstico. Não posso mais me dar ao luxo de ser o "homem forte e calado", o Gary Cooper do subúrbio. Tive que reconhecer fraqueza e vulnerabilidade no meu corpo e no meu caráter. Sou um homem com câncer, um câncer que me matará. De muitas maneiras, não quero mais ser O Homem. Uma parte de mim se retrai ao escrever esta frase, mas aqui vai uma lista do que mudei – e estou tentando mudar – à medida que me reinvento após o diagnóstico:

- ✦ comer melhor, beber menos, tomar suplementos fitoterápicos;
- ✦ não exigir demais de mim fisicamente;
- ✦ reconhecer as antigas ambições e reavaliá-las;
- ✦ olhar para dentro de mim para tentar entender meu *self*;
- ✦ valorizar mais o amor e as pessoas amadas;
- ✦ reservar tempo para desfrutar os prazeres da vida;
- ✦ reconhecer que eu considerava as necessidades dos outros como fraquezas;
- ✦ reconhecer vulnerabilidade e fraqueza em mim;
- ✦ discutir os problemas, em vez de cortar a comunicação;

- expressar emoções mais livre e abertamente;
- reconhecer o lugar da espiritualidade na vida diária;
- acolher os favores dos outros, quando oferecerem;
- aceitar que posso ter que remediar atitudes anteriores que magoaram;
- despojar-me perante os outros.

Como dito, essas não são reflexões que me deixam confortável, e não foram reconhecimentos fáceis de afirmar para um homem criado na minha época e local. Mesmo assim, são as minhas novas metas, porque elas estão imbricadas na reinvenção do meu *self* e na minha cura. Em suma, agora sei que, à medida que pudermos transformar os objetivos antigos que nos impusemos, assim como transformar nossos conceitos de quem somos e como vivemos, nessa medida nossa vida, apesar do câncer, será uma experiência positiva.

* * *

— Ouça. Antigamente...

— Ah, francamente...

— Antigamente, as coisas aconteciam sem eu nem notar — uma boa refeição, o carinho dos amigos, da minha esposa, um pôr do sol de outono: todas aquelas coisas maravilhosas que preenchem a vida, mas não a realizam. Certo?

— Você está cheio de si, meu rapaz.

CÂNCER: UMA MONTANHA-RUSSA ASSUSTADORA

– Você entrou na minha vida, na minha barriga, e tive que mudar.

– Você não podia mais continuar sendo o palhaço que era.

– Mudar. E não apenas no sentido óbvio, o sentido físico.

– Queda de cabelo, pele cinzenta, rubores, diarreia: o que é isso tudo? Isso importava para você?

– Bastante. Mas aí é que está. Eu tive que me reavaliar e, então, me reinventar.

– Desista dessa baboseira psicológica.

– Você me forçou a me tornar alguém que eu não era antes. De maneiras óbvias, claro. Desacelerando, percebendo o pôr do sol. Assim. Também, aprendendo a ser mais gentil, mais cortês, mais reflexivo.

– Ah, aí já é demais. Está sendo piegas, sabe?

– Tem mais. Tive que olhar para o meu passado e reconhecer que muitas vezes fui um idiota – eu magoava as pessoas. Tive que reconhecer isso e então buscar perdão. Despojar a mim mesmo; confiar mesmo sem saber em quê.

– As paredes tremem com suas palavras difíceis.

– Tive que compreender o fato de que realmente iria morrer – provavelmente de câncer – e que dependia de mim fazer a minha morte (assim como a vida que me restava)

207

significar alguma coisa. Ser alguém que pode morrer, em vez de esperar a morte vir atrás de mim.

— Você fala, hein, meu rapaz...

Garfo caído, sopa sorvida

Ter câncer foi a melhor coisa que me aconteceu.

Lance Armstrong

É um fim de tarde de uma sexta-feira de novembro, e estou deitado no chão da sala de estar, enrolado em posição fetal. Meu filho está na sala de TV, jogando videogame. K está andando pela casa, regando plantas. É meu aniversário e estou fazendo cinquenta e três anos. Que ironia! Era para ser um dia "para cima". Mas...

Lembro-me de uma tirinha do Snoopy, em que um dos personagens chega ao acampamento de verão e vai imediatamente para o seu beliche, vira as costas a todos os outros e diz: "Me deixe em paz". É exatamente assim que me sinto. *Noli me tangere*. Estou "deprê".

Não aconteceu nada em especial para me jogar na fossa. Cerca de duas semanas antes, eu tinha ido à tomografia periodicamente marcada. Uma semana depois, fui ver o doutor AM, que me informou que os tumores no meu fígado estavam estáveis. Ele ficou satisfeito com o relatório do radiologista. Eu também. Notícia boa

209

para um paciente de câncer é a notícia de que sua doença não progrediu. Embora tivesse havido alguns momentos desconfortáveis na clínica no dia da tomografia computadorizada, eles não me incomodavam mais. Por uma semana, eu vinha me sentindo bem de maneira geral. Em algumas noites não tinha dormido bem, é verdade – barriga roncando. Tinha tomado um sedativo suave de noite e me senti um pouco grogue na manhã seguinte. Mas isso era bem normal.

Então, qual era o problema?

Tumores cancerosos lançam todo tipo de substância química em nossa corrente sanguínea. Em sua maioria, os subprodutos nocivos do câncer são hormônios – entre eles, a serotonina (outros são peptídeos e taquicininas). Essa química polui nossos corpos e às vezes têm o efeito de sobrecarregar nossos sistemas com elementos que têm um efeito negativo poderoso sobre nossa saúde. Somos internamente imersos em uma espécie de banho venenoso – sem nem sequer saber que isso está acontecendo! Acrescentem-se os efeitos depressivos dos tranquilizantes e se tem uma fórmula de desesperança – se não coisa pior. Numa manhã, numa tarde, em certa noite, ficamos de repente sujeitos a crises de mau humor e, à medida que o tempo passa, ficamos mais e mais sombrios. Essas violentas quedas ao fundo do poço, esses "ataques", são súbitos, aleatórios e imprevisíveis. Ficamos irritadiços; ficamos sem paciência com as pessoas de que gostamos; odiamos o mundo em geral, e também odiamos a nós mesmos. Estamos em plena depressão.

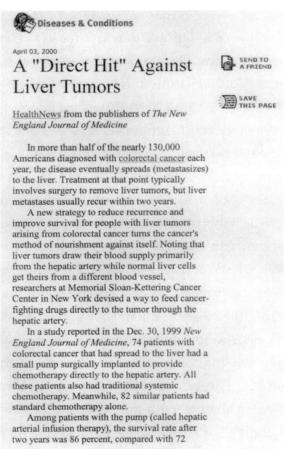

Antes, eu pensava que pessoas deprimidas ficavam assim *por causa* de alguma coisa – um acontecimento traumático, uma notícia ruim, um problema no trabalho, uma falha de alguém, dor constante. Para resolver a depressão, pensava, só se teria que mudar essas condições exteriores – ver as más notícias sob uma luz melhor, por exemplo –, e a depressão desapareceria. Depressão não funciona assim. Depressão é algo que vem sem você nem notar. Você acha que talvez tenha começado com um efeito físico, mas daí parece mais psicológico do que físico. Fora ou dentro? Impossível saber. O que se sabe é que uma coisa terrível se instalou em você – e não consegue se livrar dela. A depressão se infiltra. Ela não somente ataca você: habita o seu ser, da mesma maneira que um vírus habita o seu corpo. A depressão se anuncia como uma nuvem que de repente está dentro da sua cabeça, escurecendo tudo seu redor. E é uma presença tão intensa que, às vezes, é difícil entender que os outros não a veem. Ela substitui quem você era e se torna quem você *é*. A depressão é uma mancha que se espalha por todo o seu ser. Ela toma conta. É a única realidade que você conhece. Parece que tem vida própria. Fica-se tão acostumado à sua presença que pode ser surpreendente quando alguém próximo não a sente como você, como uma coisa real, pairando ao redor. Os outros tentam sacudi-la de você, mas isso é quase sempre em vão. Não há como tirá-la de você com piadas. Você não é enganado pelos truques usados para distrair crianças emburradas. Tentar fazer a neve parar de cair faz tanto sentido quanto tentar tirar a depressão de uma pessoa. É como tentar inverter o fluxo de uma corredeira com as mãos.

Alguém já conseguiu impedir alguém determinado a se suicidar?

A depressão é um demônio. Quando você está deitado no chão, em posição fetal, tudo parece sem sentido. Se a sua mulher ousar perguntar: "Quer alguma coisa?", sua resposta é em voz impaciente, azeda e quase inaudível: "Não". Na verdade, em um estado de depressão, em um período de baixo astral, os monossílabos são a norma na comunicação. O máximo que se consegue é: "Vá embora. Me deixe em paz". Você talvez já tenha visto um gato ou um cachorro quando fica muito doente. Ainda ontem cheios de energia e atentos ao chamado, eles ficam completamente apáticos; vão para um canto da sala, da garagem ou embaixo da varanda; enrolam-se em uma bola e ficam deitados em silêncio, com os olhos vidrados, respirando pela boca, a língua de fora. Não sei se cães têm depressão – provavelmente não –, mas esses são os sintomas clássicos que se manifestam em humanos. Em mim, pelo menos.

Noli me tangere. Não me toque.

Pensamentos suicidas.

Comportamento imperdoável.

Em mais de um desses episódios, agredi K, magoando-a além do ponto em que ela dizia a A: "É só o câncer falando", o jeito típico de eles desculparem meus maus humores. Enquanto ficava deitado no sofá, remoendo e ruminando, vinham-me memórias das minhas conversas com FS, o psiquiatra, especialmente sua preocupação com K. Aí entendi o que não tinha compreendido antes. Ele tinha previsto esses momentos de raiva reprimida, de depressão; tinha achado que eles talvez já acontecessem conosco, estava preocupado em como K os superaria. Ela estava aguentando, e eu também – mas os maus humores eram acompanhados por péssimo comportamento e uma terrível luta interior.

Isso pode estar soando a autocomiseração e complacência com si mesmo. Você pode talvez pensar: "Tudo que você precisa fazer é se aprumar e continuar levando a vida". Alguém menos piedoso pode pensar: "O que esse cara precisa é de uma boa coça". Antigamente, eu mesmo posso ter tido essa opinião.

Em certas ocasiões, há uma realidade objetiva para o estado melancólico de alguém. Na clínica, às vezes lhe dizem que os tumores cresceram. Você se sente derrotado: as injeções de Interferon, a dieta cuidadosa, o exercício, o pensamento positivo, a meditação, a oração, a vitamina C, e mesmo assim os tumores cresceram. Você não consegue acreditar no que está ouvindo; você sai da clínica arrasado. A depressão espreita. Ou o oncologista percebe que seu fígado não está exatamente onde fica em pessoas saudáveis, que o seu está vários centímetros abaixo da caixa torácica. Essa observação provoca um pouco de apalpamento e cutucadas. Outros médicos são chamados à sala de consulta, surgem estetoscópios. Você pergunta: "Isso indica que meu fígado está parando de funcionar?". "Só um momento", diz o médico, que desaparece para consultar os outros. Porém, quando ele volta, não responde à sua pergunta, mas em vez disso examina as suas costas e ausculta seu coração. "O seu fígado caiu", diz – e, como uma reflexão posterior: "um pouco". O que isso significa? Você deixa a clínica ainda se perguntando: "Meu fígado está parando de funcionar?". Decepcionado. Ou então você está ruborizando mais do que o comum. Não apenas quando bebe álcool, mas frequentemente. Você levanta de manhã e se olha no espelho: o que antes era um rubor irregular que cobria todo o seu rosto e depois diminuía – como um vermelhão – tornou-se uma descoloração permanente do tamanho de um disco de hóquei. Ou então há dores, há incômodos, há cirurgia, seguida de mais dor. Há dias de analgésicos, de imobilidade física, de paciência forçada e desgastante. Essas coisas deixam você no fundo do poço. Seus exames de sangue vêm com níveis maiores (ou menores) do que antes. Há coisas indo mal dentro de você; substâncias químicas estão fermentando; seu sistema imunológico está tendo que combater alarmantes batalhões de células radicais. Você tenta não ficar olhando pela janela, aparentemente absorto. Quantas vezes mais verá os lilases desabrocharem? Quantos Natais ainda terá com sua mulher e seu filho?

Quando você vai a um médico de medicina do esporte por causa de um tornozelo torcido, ele manda fazer radiografias e exames, para ver se há alguma conexão com seu câncer. Se cai da sua *mountain bike* ao fazer uma trilha *off-road* e machuca a lombar, mandam fazer uma tomografia óssea – para ver se há metástase. Isso deixa você furioso. Você não é um maldito inválido! Mesmo assim, é visto como frágil – porque você é.

Você está doente. Tem câncer. Está morrendo.

Há uma voragem, uma voragem a que me sinto puxado, mas não consigo impedi-la. Há uma voragem sem fim. Em breve, pequenas coisas se revelarão irritantes ao extremo – um garfo derrubado na mesa de jantar, por exemplo. Em breve, culparei a outros por pequenos descuidos acontecendo pela casa: uma tela de mosquiteiro deixada aberta, ou alguém fazendo barulho ao tomar sopa. Ficarei enfurecido com trivialidades, mas não da maneira que traga alívio e cura. Guardarei a raiva, e logo estarei fervendo de fúria, e então ficarei ainda mais retraído: azedo, insensível e, por fim, simplesmente infeliz. Sei que, além de estar fechado, azedo e grosseiro, essas coisas parecerão perturbações menores se comparadas a outras que surgirão como nuvens de tempestade. Ficarei malvado. Direi que não vejo mais motivos para que viver. Direi a K: "Se eu soubesse como dizer adeus a A, acabaria com isso".

Descarregarei minha raiva nas pessoas que amo. Farei elas sentirem a dor que sinto.

O câncer consome: ele devora nosso corpo e toma conta da nossa psique.

No fundo da depressão, quero gritar, quero arremessar coisas, quero bater com meu taco de hóquei no chão, até meus braços ficarem cansados. Faço essas coisas. Mas elas não ajudam em nada.

Depressão é uma doença. Ela suga toda a beleza do mundo, toda a esperança, e o que resta é morte em vida, uma nulidade opaca e sufocante. Depois de alguns dias assim, sinto-me também fisicamente terrível – dor de cabeça, cólicas, exaustão. Porém, ao contrário das outras doenças, que causam uma dor mensurável com duração finita, a depressão me leva a crer que estou simplesmente cansado – ou acabado, ou de mau humor. Em suma, para baixo.

Sei disso tudo, mas saber não muda nada. Nada disso explica o que é a depressão. Ou, mais importante, como superá-la.

CÂNCER: UMA MONTANHA-RUSSA ASSUSTADORA

Houve um livro popular nos anos 1960, *Been down so long it looks like up to me* [Tanto tempo na pior que o que pintar é uma boa], de Richard Farina, no qual é representado com precisão como saímos do nosso temperamento normal em momentos de depressão e como é difícil nos corrigirmos. Ele não tinha nenhuma solução duradoura para o problema, e eu também não tenho uma fórmula mágica. Reconhecer que você está em um estado depressivo ajuda. Ao menos a não transferir sua raiva para os outros – e descarregar neles. Você pode se dar conta de que o que realmente o incomoda não é o garfo derrubado, ou a porta batendo, ou o som da sopa sendo sorvida. Talvez seja somente a mistura fatal de substâncias químicas correndo pelo seu sistema. Mas reconhecer isso não vai mudar seu humor. Pode apenas poupar uma pessoa querida dos seus ataques de ira. Há estratégias a experimentar: fazer uma longa caminhada pode melhorar a situação. Às vezes, a caminhada leva a sair de um buraco negro: exercício físico pode eliminar o estresse mental. Pode falar com um terapeuta e tentar trabalhar a situação conversando; pode combinar um programa com um amigo compreensivo e altruísta, como meu amigo R, e esperar deslizar da sua depressão pela força da sua generosidade e bondade. Assistir a uma comédia que faça você chorar de rir pode ser útil:

mantenho um estoque de filmes de Eddie Murphy e Robin Williams à disposição. Às vezes, funciona; em outros casos, não. Gostaria que sair da depressão fosse tão fácil quanto assistir a um filme. Você pode evitar tomar tranquilizantes e outros remédios que se combinam com a química do seu corpo e causam depressão. Pode tomar um medicamento antidepressivo. Pode se retirar para um lugar preferido e tentar escrever para sair da depressão – desabafando em um longo monólogo, ou tendo o que se pode chamar de "diálogo com sua depressão". Como a maioria das coisas que nos acometem, a depressão passa com o tempo; um dia, amanhã ou depois de amanhã, a escuridão na sua alma desaparecerá. Você sairá do outro lado. No mínimo, pode acreditar nisso.

*   *   *

– Dar um significado à morte, sabe, isso é o essencial.

– Blá-blá-blá. Você anda muito chato nos últimos dias, meu rapaz.

– O que quero dizer é: se um cara morre atropelado por um carro na rua, sua morte não tem significado, certo? Por ser súbita e sem sentido, essa morte frustra a nossa necessidade de um "fim". Esse acontecimento, essa passagem não

CÂNCER: UMA MONTANHA-RUSSA ASSUSTADORA

Dialogue #5

W: Will you go away?

C: No.

W: (3) People are angel (2) People go in to remission. (1) People become stable — I have become stable.

C: But we do not go away.

W: You come back?

C: We were always there, and we will continue to be there. We are. Listen to your heartbeat. Draw a parallel.

W: Waiting.

C: (3) For your immune system to suffer a trauma. (1) For you to weaken; (2) for you to become vulnerable;

W: Then you pounce!

C: How dramatic; how Hollywood and sensational.

W: You are nothing but than monstrous; you look around corners, you pounce on victims.

C: This is supposed to be a dialogue. You're calling names again.

W: And I am dying because of you, how you make me feel —

C: And learning things about yourself.

dá uma conclusão à vida, é apenas um desligamento. Um desligamento brutal e estúpido.

— A morte torna tudo estúpido.

— Quero dizer inarticulado e sem finalização, sem conclusão: um esquilo esmagado sobre o concreto.

— Você é quem está falando.

— Mas se você sabe que está morrendo, se reflete sobre a vida, e então muda o seu jeito de viver, concilia-se com o que a sua existência significa, talvez até reinventa a si mesmo, aí você dá significado a sua vida. Você a leva a uma conclusão, em vez de ela apagar-se súbita e aleatoriamente — como a água de uma torneira.

— É assim com os animais. Você está dizendo que eles morrem sem dignidade?

— Estou dizendo que os seres humanos anseiam por algo maior: uma despedida que permita avaliar a vida, ou ao menos uma compreensão que defina a vida que chegou ao fim.

— Você está dizendo que um homem que morre de um enfarto fulminante, morre irrealizado?

— Eu não sei o que estou dizendo.

Mortadela, queijo, vinho

*Enquanto achava que estava
aprendendo a viver,
eu estava aprendendo a morrer.*

Leonardo da Vinci

Uma quente manhã de outubro em uma estrada a cerca de cinquenta quilômetros ao sul de Florença, Itália. São quase dez horas. O sol está brilhando. K e eu estamos caminhando para o sul de Panzano, uma cidade numa colina com vista para um vale dourado, Concho d'Oro, como os nativos dizem. Estamos com mochilas nas costas. Levamos garrafas d'água e um litro e meio de vinho tinto. O pó levanta sob nossas botas ao subirmos, indo de Panzano em direção à elevação sobre os pinheiros que se estendem perante nós e o céu claro acima. Poggio al Sodo é o nome da elevação: o cume ao sul. Observamos o céu; ouvimos os pássaros; sentimos o cheiro do orégano crescendo livremente no campo; estamos de mãos dadas.

Duas semanas antes, em Winnipeg, eu fizera uma tomografia de rotina, e na semana seguinte tivera uma consulta com o oncologista. Naquele verão, o doutor KK tinha aceitado um posto em um hospital no interior da Colúmbia Britânica. Assim, agora é a doutora WD que me atende. Uma mulher eslava de meia-idade, ela é gentil, íntegra e muito solícita. Em nossa última consulta, estava imensamente contente.

– Você está muito bem – disse ela, com um sorriso iluminando o rosto. Ela apalpou meu coração, examinou minha área intestinal e alto ventre. Você conhece o esquema: respire fundo – segure.

CÂNCER: UMA MONTANHA-RUSSA ASSUSTADORA

– Hum, hum – ela apalpou meu fígado. Bateu entre minhas omoplatas com as pontas dos dedos.

– Bem, boa notícia... – disse ela, quando fechei a camisa e me sentei em frente a ela. – Um tumor desapareceu.

– Sério?

– Havia uma lesão em um duto entre seu fígado e seu intestino. De acordo com o relatório do radiologista, sumiu.

– Meu Deus... Sumiu?

– Os outros tumores, no fígado, estão estáveis.

– Sem crescimento?

– Mais que isso. Os radiologistas não conseguem obter uma boa imagem da lesão no íleo terminal. Se eles não soubessem que ela deveria estar ali, não a enxergariam. Estou bastante satisfeita... Deve ser o Interferon.

– Talvez um efeito residual do tratamento I131.

– Pode ser isso, sim – a doutora WD folheou minha pasta cada vez maior. – Cromogranina em 42 – informou ela. No ponto máximo, dois anos antes, quando eu tinha largado o Interferon como preparação para o tratamento I131, ela tinha chegado a 326. Desde então, tinha caído e se mantido baixa. As últimas seis amostras estavam na faixa de 20-50. – Muito bom – disse

225

ela, novamente radiante –, são resultados muito bons. E então, como você está se sentindo?

Melhora é uma sensação que todo paciente de câncer vivencia de forma diferente. Melhora é uma descarga nas pernas; melhora é uma leveza no peito; melhora é ligar o som e cantar alto uma canção. Melhora é acordar às sete e meia da manhã, alerta e com sangue quente pulsando nas veias, e, depois de fazer amor com sua esposa, preparar o café da manhã, com ovos cozidos no pão de banana torrado, para depois andar de bicicleta no trajeto *off-road* ao longo do rio com K, a caminho do escritório dela no centro. Você deita na relva da bifurcação dos rios e observa o céu azul, sentindo o cheiro da terra molhada e escutando o burburinho do trânsito distante. Volta para casa depois de vinte quilômetros de intensa atividade aeróbica, toma banho e começa a lixar o deque de cedro. Você sente o sol na nuca, sente o cheiro da erva-cidreira na horta e ri alto.

O que pode ser melhor? Eis outra coisa notável – não, maravilhosa – sobre o ser humano que descobri depois de ter câncer: não importa o quão ruins as coisas estejam, nós aproveitamos os breves momentos de alívio que vêm depois. Você se lembra de como era ser criança? Você podia ter se magoado com alguma coisa – um irmão mais velho lhe tomara um brinquedo, digamos –, mas bastava a mamãe aparecer com um sorvete... Oba! O momento de dor passava, sendo substituído por alegria e entusiasmo. Essas sensações intensas nunca nos abandonam de verdade, embora sejam soterradas pelo emaranhado de responsabilidades, preocupações e ansiedades que todos nós gradualmente carregamos à medida que assumimos trabalhos, hipotecas etc. Mas você pode se reabrir a elas, de forma que caminhar em uma tarde de domingo, assar um bolo para sua família, esmagar sálvia com os dedos e sentir o seu odor ou lixar o deque em uma ensolarada tarde de verão tornam-se ocasiões de alegria e celebração, tornam-se momentos de legítimo êxtase humano. Por mais tristes que possamos estar na segunda-feira, ainda existe a perspectiva de que a terça seja um dia melhor – um dia bom, um dia excelente.

Nesse clima, é possível permitir-se alguns pensamentos extravagantes. Ter câncer não foi uma experiência exclusivamente negativa. Lidar com a doença me forçou a repensar minha vida no seu sentido mais amplo, e consequentemente me levou a um maior autoconhecimento. Como observado anteriormente, isso significou reconhecer fraqueza e vulnerabilidade em mim e tornar-me mais compreensivo para com isso nos outros. Além disso, tive que acertar contas com minha *persona* pública e modificar a face que apresento ao mundo. Também, reconhecer a finitude do tempo pôs em foco as coisas que verdadeiramente valorizo e as metas que desejo alcançar na minha vida. Fora isso, houve benefícios colaterais imprevistos, residuais. Um deles diz respeito a meu limite de ansiedade. Descobrir que tinha câncer foi um enorme choque, algo que não desejo para ninguém. Mesmo assim, ter resistido a esse choque, ter me recuperado do pavor de saber que a morte está próxima tornou-me de certa forma invulnerável a outros choques: sei, por experiências subsequentes de perda e dor (experiências que antigamente me teriam causado profundo dano pessoal), que sou emocionalmente mais forte do que era antes do diagnóstico – não insensibilizado, mas menos suscetível a ser magoado. Fiquei menos frágil, menos facilmente afetado pelos pequenos percalços da vida. Muito do que antes me poderia incomodar agora passa, como a caravana do provérbio.

A estrada para o sul de Panzano é ladeada por pinheiros. Perto da elevação, um carrinho velho passa, deixando atrás de si uma nuvem de pó branco. Mais adiante, paramos em uma clareira para beber água e admirar a paisagem. Aqui é Poggio del Pino: pinheiros altos, espesso capim verde, moscas zumbindo. O ar tem um perfume. "Não é de pinheiro", diz K; talvez de alecrim. Olhamos em volta: tem um arbusto de alecrim atrás de nós, com um metro de altura e uns cinquenta metros de largura. Bebemos um pouco de vinho tinto, mais água, e então continuamos o passeio. Chegamos a um prédio abandonado, antes um lagar, quem sabe, mais recentemente uma casa. Há cortinas nas janelas. Uma videira cresce além da porta dos fundos. Uvas doces, viçosas, grandes e roxas. Esta é a Casa del Sodo. Bebemos água; comemos vários cachos de uva e colhemos muitos outros, que devoramos enquanto caminhamos para leste, rumo à cidade de Lamole, com nossos lábios ficando roxos à medida que cuspimos sementes nas pedrinhas aos nossos pés.

Sol na pele, poeira nas narinas, cheiro de alecrim.

Na melhora, não se pensa sobre células anormais, tomografias computadorizadas ou cromogranina A. A melhora é um lugar da mente muito longe de embolização e isótopos radioativos. Ao descermos a estrada de brita para Lamole, cantamos. Depois adentramos a cidade de Lamole, com uvas grandes e roxas em parreiras ao longo da estrada. Melhora é parar para tirar fotos das uvas e de um homem muito bronzeado que dirige um trator com um reboque de lata atrás — ele está transportando as uvas colhidas até um prédio de pedra dourada, mais além na estrada. No do centro da cidade, tiramos as mochilas e abrimos os pacotes de comida que compramos: queijo *pecorino* fresco (queijo italiano feito de leite de ovelha), azeitonas, *panne*, mortadela. Melhora é tomar vinho tinto e deixar cair migalhas de pão na camisa, enquanto se olha através do vale para a elevação de onde viemos, o verde dos pinheiros, o azul do céu, os variados cheiros da vindima. Ter uma doença e se sentir mal pertencem a outra terra. Melhora é viver o momento, saboreando cada partícula de felicidade que nos é dada. Melhora é escalar os Monti del Chianti, subindo e descendo vinte quilômetros por dia de morros poeirentos no calor; é ter a coragem de fazer uma coisa que pode ser desgastante, dolorosa, ou ambos, mas que mais provavelmente será alegre e boa para a alma. Aproveitar o dia.

K suspira. Ela está muito longe do estresse do seu escritório de advocacia. Eu não tive dor de barriga desde que chegamos na Itália, mais de uma semana atrás. Durmo a noite inteira. Bebemos um litro e meio de vinho no almoço e mais um litro no jantar. Não existem coisas como problema de fígado, rubores ou câncer. Nós não nos lembramos da última vez em que pronunciamos a desanimadora expressão "síndrome carcinoide".

* * *

– J está morto, meu rapaz.

– Seu desgraçado...

– Veja, a notícia de seu óbito está na sua querida revista carcinoide.

– Ele editava esta publicação. Era meticuloso e a distribuía com generosidade. Acreditava que era importante oferecer informação aos pacientes carcinoides. Mostrar fatos científicos e dar esperança.

– Agora ele está morto. O seu sobrevivente por dezoito anos, seu modelo, seu raio de esperança. Você se espelhava secretamente nele, não? Então, que mensagem tira deste obituário, do anúncio da morte dele?

— Seu desgraçado, maldito...

— Eu venci, viu?

— Você está exultante. Mas...

— Mas o quê? O que pode ser dito em face da morte?

— Você... eu...

— Viu, viu?

Montanha-russa

A vida é uma tragédia se vista em close-up,
mas uma comédia no plano aberto.

Charlie Chaplin

Ter câncer é um passeio de montanha-russa: um dia, sobe; no dia seguinte, desce. Primeiro, no topo do mundo; depois, mergulhando para o fundo. Eee! Há certo elemento carnavalesco no processo, especialmente porque se refere à quebra de regras e padrões que são subvertidos ou postos de lado. Ter câncer joga você das inebriantes alturas do júbilo ao poço da amargura. Eee! Só que ter câncer não é *eee*; é mais para *opa!*

Um parque de diversões é um lugar em que expectativas e reações normais não se aplicam. Quando andamos de montanha-russa, espontaneamente nos abrimos a uma espécie de balbúrdia embriagada. Nós nos submetemos à provocação do desastre controlado – acolhendo uma versão da calamidade para vivenciar sensações de arrepiar os cabelos. Sabemos que, ocasionalmente, acontecem acidentes nesses lugares, mas geralmente acreditamos que nossos flertes de parque de diversões com a catástrofe não serão nada mais que um breve e arrepiante susto. Em uma pequena – mas divertida – medida, nossas vidas estarão fora de controle; mas somente em uma pequena medida, e por um período fugaz.

Ter câncer, ou estar sujeito a qualquer doença ou mal sério, significa estar permanentemente fora de controle; significa estar sujeito a muitos choques, estar continuamente vulnerável, e nunca no controle. Pense da seguinte maneira: se você cai e torce o tornozelo, conhece as etapas da recuperação porque elas correspondem a um cronograma previsível: você visita o ortopedista, tira radiografias, toma os remédios receitados, faz a fisioterapia; move seu pé com cautela por algum tempo. Se cuidar direitinho, seu tornozelo logo ficará bom e você voltará a andar normalmente em algumas semanas. Novo em folha. O dano está – dentro de certos limites – sob seu controle. Muitas doenças funcionam assim: a maioria das lesões acidentais e uma grande porcentagem das afecções se curam sozinhas. Da mesma forma com as dependências. Mesmo um alcoólatra pode se levantar um dia e dizer: "Chega. Vou parar". Com a medida certa de determinação, aplicação e muitas recaídas, o alcoólatra pode reverter sua terrível situação. Em um aspecto

CÂNCER: UMA MONTANHA-RUSSA ASSUSTADORA

muito importante, o alcoólatra possui domínio sobre a sua condição e pode reconquistar o controle da sua vida. Não é assim com o câncer. Contrair câncer, ser vítima da doença, significa perda do controle. Agora, o passeio no parque de diversões está em outras mãos. Outras forças – forças malignas, misteriosas e temíveis – estão controlando a jornada. A vida não parece mais uma aventura, mas sim um perigoso mergulho no escuro desconhecido, com demônios lunáticos vindo em sua direção, enquanto seu coração salta e o suor pinga da sua testa. Vertigem. Opa!

Por um lado, você se torna uma ferida aberta de emoções, sujeito a alterações instantâneas de sentimento. Qualquer artigo de jornal louvando alguma descoberta recente com ratos de laboratório aumenta suas esperanças. Qualquer sugestão de que as coisas podem não estar indo bem com seu corpo corta como uma faca. Por exemplo: logo após se descobrir que tem câncer, você está conversando com um amigo. JH gosta de você; ele é sensível em relação às suas emoções frágeis; quer saber mais sobre a sua situação. Faz várias semanas que você foi diagnosticado, quando o dramático primeiro choque de saber que tem câncer já passou. Você leu um pouco sobre o assunto; falou com médicos. Você acha que entende a "curva" da doença e o que o espera. Chegou a uma espécie de platô emocional. Acha que não está mais sujeito ao choque do *câncer*. Assim, começa a chamar visitas para tomar chá e ter conversas em voz baixa na sala de estar: todos querem saber como você está; é mais do que justo deixar eles verem.

JH é um homem magro e nervoso, de quarenta e poucos anos. Quando fala, passa a mão pelo cabelo castanho-claro. Ele está agitado, mas eu lhe garanto que estou bem. Estamos sentados em poltronas de couro, um de frente para o outro. Falo algumas coisas sobre como vim a ser diagnosticado, e então acrescento:

— Tenho tumores no fígado.

Estamos relaxando com nossas xícaras de chá. JH me olha por cima da xícara, os olhos castanhos se arregalando.

— Nossa — diz ele, passando a mão várias vezes pelo cabelo —, fígado, isso é ruim, não é!?

Com essas palavras que normalmente seriam inócuas, eu despenco. Meu coração dispara. JH sabe de alguma coisa que eu não sei? Os médicos esconderam alguma coisa de mim? Entendi mal os artigos dos periódicos? O doutor KO me deu falsas esperanças? Morrerei em breve? Estive construindo castelos de vento? Meu estômago se embrulha, primeiro sinal de estresse. Suando, estou caindo de um precipício, de uma altura

CÂNCER: UMA MONTANHA-RUSSA ASSUSTADORA

estonteante. Vertigem emocional. Bem que JH poderia ir embora, para eu reconquistar o equilíbrio emocional e seguir tratando do câncer sozinho – livre das mágoas causadas involuntariamente pelos amigos, das suas palavras que me arrancam do controle.

Pode levar meses ou anos até você perder esta hipersensibilidade à questão do *câncer*. Na maior parte do tempo, você evita totalmente a palavra: ela reverbera com muitas associações dolorosas. Você percebe que seus amigos e parentes fazem o mesmo, apenas lhe dizendo que a celebridade X ou o conhecido Y faleceu. Intuitivamente, todos compreendem o quão sujeito você ficou ao imprevisível passeio de montanha-russa.

No mundo ocidental, damos muito valor em estar no controle. Sentimos que nós tomamos as decisões importantes em nossas vidas – nossas carreiras, onde e como viver, nossos parceiros sexuais, o número de filhos que teremos etc. Muita ênfase é posta em independência e autodeterminação, palavras na ordem do dia que nos lembram de que estar no controle da própria vida é não apenas desejável, mas importante. Além disso, admiramos pessoas que demonstram autocontrole: atores de cinema que representam heróis com nervos de aço e determinação gravada no rosto são constantemente reverenciados. Comerciais de televisão empurrando-nos

237

de tudo, de automóveis a produtos de higiene femininos, aconselham-nos a assumir o controle. Ícones desportivos nos incitam a ser "O Cara". A mensagem é que nós nos capacitamos através do domínio da vida. Sentimos que, quando perdemos o controle, nossa vida é menos nossa, menos integrada, menos valiosa do que quando exercemos o controle.

Ter câncer significa aceitar um conjunto incomum e desconhecido de parâmetros para nossa vida, significa submetermo-nos aos caprichos de demônios microscópicos dentro de nossos corpos. Esse abrir mão do controle pode ser extremamente difícil para a maioria de nós, uma atitude passiva perante nosso

CÂNCER: UMA MONTANHA-RUSSA ASSUSTADORA

comportamento atual e nossas perspectivas futuras que vai contra a nossa convicção usual de que nosso futuro é uma questão que nós devemos determinar, estruturar e realizar. Quando se trata de acontecimentos cotidianos, preferimos acreditar que estamos no controle – não gostamos da ideia de que temos de depositar nossa fé em forças além do nosso alcance. Resistimos à insinuação de que nossos próprios desejos e preferências não importam; ficamos com raiva de nossa fragilidade; nós nos excedemos; recusamo-nos a reconhecer nossa situação desesperadora. Apesar das enormes evidências em contrário, insistimos em estar no controle ("É a minha vida", teimamos para nós mesmos). E mesmo assim, quando um oncologista anuncia: "Sua biópsia voltou positiva", ou sente seu corpo sucumbir a um dos sintomas da sua doença, ou acorda no meio da noite com suores, rubores ou tremores incontroláveis, você sente seu coração febril tiritar com a verdade do seu transtorno, torna-se óbvio que não está mais no controle. Tem que aceitar que está em uma jornada na montanha-russa emocional chamada *Câncer* – num segundo, subindo; no segundo seguinte, descendo.

* * *

— Meu rapaz, que confusão é essa? Vinho, torradas, gritaria na cozinha?

— Boa notícia — para mim.

— Não exulte, é falta de educação.

— O resultado da minha última tomografia, olhe. O tumor no íleo terminal sumiu.

— Não pode ser visto na tomografia, você quer dizer. São coisas diferentes.

— Você não vai conseguir me deixar para baixo. O tumor primário se foi. Mas isso não é tudo. Os tumores no fígado estão menores do que antes. Encolhimento. Regressão. A batalha está sendo vencida.

— É temporário. Uma ilusão.

— Mas é uma boa notícia, é isso que interessa. Estou melhorando. O Interferon está funcionando, dizem os médicos.

— Isso é apenas temporário. O câncer acha um jeito de ganhar. Células mutantes, meu rapaz, mudam de todo jeito e contornam o Interferon. Mais dia, menos dia. No fim, você morre.

— Você não vai conseguir me deixar para baixo. Hoje não. A melhora é lenta, dizem os médicos. Mas é um progresso.

— O câncer muda em centenas — milhares — de novas formas, em classes que o Interferon não pode acompanhar, que dirá combater. É por isso que a AIDS nunca será derrotada – há muitas anormalidades novas para que as drogas as superem. O mesmo se dá com o câncer. As células anormais acham um jeito de contornar o Interferon. Mais dia, menos dia...

– Resmungos, meu rapaz. Você não vai conseguir me deixar para baixo. Hoje não.

Perfume de pinheiros

*No meu quarto, o mundo está
além da minha compreensão;
mas, quando caminho,
vejo que ele consiste
em três ou quatro colinas e uma nuvem.*
Wallace Stevens

Encarar a morte não é fácil. Shakespeare nos lembra de como isso é difícil quando põe Hamlet a ruminar sobre o "sono da morte" e conclui que "a consciência torna todos nós covardes". Não sei se tenho mais conhecimento sobre a morte ou se sou mais sábio na sua contemplação por ter contraído câncer e, consequentemente, olhado a morte de perto. O que sei é que o que quer que eu pense hoje é inflamado pela chama da experiência e sentido nos ossos de uma maneira que não era real antes. Em outras palavras, quando universitário, assim como milhões de outros estudantes, considerei, por muita leitura dos textos clássicos, o que a humanidade pensou sobre a morte ao longo da história humana; mas

242

foi somente após contrair câncer que compreendi o que é sentir a mão gelada da morte sobre meu ombro.

Assim, eu me aventuro a dividir alguns pensamentos que tive desde que fui diagnosticado.

Sabemos que vamos morrer; sabemos que algum dia não iremos mais andar sobre esta terra encantadora e prazerosa. Nossos corpos se corromperão na terra, nossos entes queridos seguirão adiante, sem nós a seu lado. As pessoas irão levantar de manhã, fazer café, comer torradas, planejar a reforma da cozinha, mas não estaremos lá para ver seus sorrisos, ouvir sua risada, sentir o cheiro do seu cabelo. O poeta Wordsworth colocou assim a questão: a vida seguirá seu curso, mas não estaremos aqui para aproveitá-la. Esses pensamentos podem aborrecer e deprimir. São os fatos às vezes aterradores que possuímos sobre a morte. O que fazer, o que pensar diante deles?

Morrer é mudança, a maior mudança com que temos de nos deparar nesta vida. A maioria de nós não gosta de mudanças; a maioria de nós resiste a elas, em qualquer forma que se apresente. Porém, a mudança é uma das realidades sempre presentes desta vida: nós nascemos; crescemos; tornamo-nos adultos; temos nossos próprios filhos; perdemos cabelo; ganhamos peso; mudamos de casa, de trabalho; envelhecemos. E assim vai. Aceitar a mudança é aceitar o processo que é a vida; acolher a mudança é reconhecer que nascemos, procriamos, morremos. Basta consultar o livro do Eclesiastes para saber que apenas aceitando a mudança é que podemos verdadeiramente acolher a vida. A mudança momentânea que chamamos de morte é o ponto final de um processo que começou com nosso nascimento e pode não terminar no momento em que paramos de respirar. Sabemos que todos morrem e que precisamos, por mais que não queiramos, encarar a realidade da considerável mudança que chamamos de morte.

Existem, é claro, várias maneiras de lidar com o conhecimento de que se está morrendo. Uma delas é a negação, desviar o olhar da realidade da morte, recusar-se a aceitar o conhecimento. Embora não recomendada pela maioria dos profissionais de saúde e terapeutas, a eficácia dessa estratégia não deve ser desprezada. Os animais não têm consciência da morte, do fato de que estão morrendo. Até onde sabemos, eles simplesmente vivem e depois morrem, inscientes da morte que os espera, e aparentemente satisfeitos em passar por esta experiência terrena. Sua santa ignorância é talvez algo a ser invejado. Contudo, nós, humanos, não estamos na feliz posição deles: temos consciência, e já cedo na vida percebemos que todos morrem, que nós mesmos iremos morrer, especialmente se contrairmos certas doenças. Nossa consciência humana é tanto uma terrível maldição quanto uma bênção. Ainda assim, alguns de nós conseguem (por força de vontade) dar as costas a esse conhecimento e viver seus dias até o fim, recusando-se a reconhecer o fim iminente. Por um lado, esta pode ser uma maneira muito saudável de lidar com a morte. Alguns médicos e pesquisadores sugerem que há provas que sustentam a utilidade da negação no tratamento de doenças terminais. Bernie Siegel, por exemplo, embora não recomende a negação como uma estratégia, conta o caso de um atarefado jardineiro de meia-idade que viveu por muitos anos com câncer de estômago e lhe dizia, sempre que o encontrava, da intenção de adiar a cirurgia: "Eu simplesmente não posso tirar tempo da minha jardinagem para ter câncer". Logo, negação.

Um tipo de reação mais comum à assustadora perspectiva da morte é procurar a religião. Igrejas, sinagogas, mesquitas e outras instituições do gênero oferecem vários recursos valiosos diante da perspectiva da morte. Um grupo de pessoas com ideias semelhantes, um padrão de ritual estabelecido ao longo do tempo e uma divindade à qual se voltar em tempos de crise são apenas três dos mais óbvios. Todos oferecem apoio, encorajamento e uma justificativa para a realidade mais desnorteante da vida – seu fim. Na verdade, essa última virtude, a justificativa, é geralmente a mais importante para vítimas de doenças terminais. A religião oferece uma visão de mundo completa, incluindo uma explicação das origens da existência e do significado do tempo na terra. Responde às perguntas: *Por que morremos?* e *Para onde vamos depois desta existência?* Inúmeros pacientes de câncer procuram a religião em busca dessas explicações e consideram-nas reconfortantes e fortalecedoras. Embora eu não tenha estatísticas para fundamentar a afirmação, arriscaria o palpite de que quase todo mundo que contrai câncer se torna, como resultado, uma pessoa mais espiritualizada do que era antes.

No mínimo, a maioria das pessoas com câncer se torna mais gentil do que era anteriormente. Pode-se dizer que há uma espécie de compensação cósmica em ação em nosso ser quando desenvolvemos uma doença terminal: a fragilidade do nosso corpo é contrabalançada pela tenacidade do nosso espírito.

Sempre fui fascinado pela postura estoica. Talvez você se lembre de que é aqui que o próprio Shakespeare acaba chegando, ao fazer Hamlet dizer sobre a morte: "Se for agora, não está por vir; se não estiver por vir, será agora; se não for agora, ainda assim virá". Em vez de ficar furioso ou deprimido por essa aporia, Hamlet parece ficar positivamente aliviado com ela, concluindo: "Estar pronto é tudo". Estar preparado para deixar esta maravilhosa existência, esta bênção que chamamos de vida. Em poucas palavras, nossa prontidão para aceitar a morte é mais importante do que quando ou como morreremos. Oxalá pudéssemos aprender a adotar essa atitude!

A questão fundamental aqui, creio, é confiança. Com isso, quero dizer que, como vítimas de uma doença terminal, devemos nos pôr nas mãos de algo (Deus), confiando nosso futuro a forças fora do nosso próprio controle. Não estamos acostumados a isso; procuramos controlar, estar no comando. Além disso, aprendemos, em nossa vida pessoal e profissional, a buscar a resolução dos problemas, uma finalização. Mas quando desenvolvemos um câncer, percebemos que não estamos no controle e que o problema da nossa doença pode não ser resolvido da maneira que queremos. Mesmo se formos "curados" (sem câncer por cinco anos), ele pode voltar. E a maioria de nós não tem a sorte de ser curado: seguimos nossa vida, aguentando a agonia da dor, a indignidade dos hospitais, a debilitação do sofrimento, a confusão de não saber o que vai acontecer em seguida. Assim, temos que nos resignar a viver sem resolução, sem finalização. Precisamos chegar ao ponto em que a confiança se instala, torna-se nosso modo de vida, e onde tomamos cada dia pelo que ele vale e o aceitamos.

Dar esse passo em direção à confiança significa despojar-se do *self*, reconhecendo que não controlamos nem podemos controlar nosso próprio destino. Em alguns círculos, o ato de se despojar do *self* é chamado de "descer às cinzas". A expressão nos recorda que despojamento é abrir mão do orgulho da maneira mais básica, é se expor perante os outros do jeito que alguns profetas fazem nos textos sagrados. Desnudar o ser; prostrar-se na humilde terra firme. São atos difíceis, especialmente para homens de meia-idade que alcançaram sucesso, realização e *status*, que estão acostumados a olhar de

cima, e não de baixo. Modéstia não é um dos requisitos para ser um executivo ou ganhar um salário de seis dígitos. Tais gestos são tão proibidos de se realizar quanto necessários para que a verdadeira cura ocorra.

Minha mãe, de oitenta e dois anos, que sofre do coração e que é o último membro sobrevivente de ambos os lados da minha ascendência (cerca de vinte e seis tias e tios meus já são falecidos), me diz: "Toda noite, fecho os olhos na cama sem saber se vou acordar no outro dia. Assim, sou grata por cada dia em que desperto e redescubro que ainda estou aqui". Está é, suponho, a mensagem por trás de viver a vida: considerar cada dia como uma dádiva e tratar cada experiência como uma bênção.

Os antigos tinham uma expressão para isso: *carpe diem*, aproveite o dia de hoje. Eles sabiam que a vida era curta – muito mais curta do que hoje em dia – e que a única reação real à perspectiva da morte era viver o tempo que lhes fora dado da maneira mais plena possível. Ao menos, era o que eles escreviam. Vim a descobrir que não é fácil viver à altura do sentimento jubiloso por trás do *carpe diem*: reverenciar cada nascer do sol, valorizar cada maçã, perder-se em lirismo por cada conquista de um filho; muito menos aplaudir cada comercial de televisão ou exultar com dias chuvosos. Somos criaturas do hábito, nós, humanos, e entre nossos hábitos estão resmungar por causa dos defeitos dos outros e suspirar em dias ruins. É um desafio tentar transformar esses hábitos negativos, saudar todo dia com entusiasmo e passos joviais. Ser de temperamento sanguíneo ajuda. Estar cercado por familiares e amigos com alto astral também. Em dias em que me sinto no fundo do poço, posso ser instantaneamente energizado, por exemplo, ao ouvir meu filho cantarolando baixinho enquanto brinca no chão da sala de estar. Tentar cantar todos os dias ajuda. Fazer coisas para os amigos e a família. É não só divertido como enriquecedor preparar cada jantar com o cuidado e o entusiasmo que geralmente reservamos para as grandes ocasiões festivas. Cumprimentar um vizinho pela cerca do quintal. Observar a fauna e a flora durante uma caminhada pode trazer um sorriso aos lábios e novo ânimo ao coração aflito. E assim por diante. É tudo que temos. É o que faz o estar aqui ser rico e estimulante.

Há também o que pode ser chamado de "zen das pequenas tarefas", fazer questão de executar da melhor maneira possível em todas as tarefas domésticas: varrer o chão, por exemplo. Faço questão de assoviar quando limpo o banheiro. Tarefas que antes me irritavam – juntar as folhas caídas – podem ser um deleite. Assim como sair para dar uma volta e observar as nuvens e os morros. Foi um pouco doloroso chegar ao seguinte reconhecimento, mas ele é crucial: não estou indo a lugar algum, percebo agora, e ninguém está; o mundo não está esperando que façamos algo importante. Nada do que fizermos é importante, no fim. Quisera eu tivesse aprendido essa lição antes – quisera eu que alguns dos meus amigos e parentes conseguissem aprendê-la. Não estamos indo a nenhum lugar além da cova, então por que nos emaranhamos todos em prazos, cronogramas, em ascender profissionalmente? Bem, você sabe a triste resposta: ambição, medo, arrogância, ansiedade, todo o caldeirão das fragilidades humanas.

No fim, esperamos aprender com todos os acontecimentos da vida, e a experiência de ter uma doença terminal, incluindo câncer, é um deles. Também, esperamos transformar a enorme negativa que é a doença em algo positivo, vivendo com ela, e vivendo apesar dela, reinventando a nós mesmos todos os dias para encarar as novas realidades que a mudança traz consigo, de forma que nossos dias sejam um prazer não somente para nós, mas também para aqueles com quem tivemos a bênção de conviver.

* * *

CÂNCER: UMA MONTANHA-RUSSA ASSUSTADORA

– Estou dizendo que a morte é um estado, um estado infeliz, claro, mas também estou dizendo que morrer é um dos processos da vida, como crescer.

– Ou diminuir.

– Sim, quando envelhecemos e começamos a morrer em vida, ficamos mais baixos. Diminuímos. Levamos muitos anos para chegar ao ponto em que aceitamos isso, em que aceitamos que essa é uma condição da nossa condição.

– Mais filosofia?

– Concordo com o poeta que disse que morrer, assim como viver, é um processo.

– Essa conversinha sofisticada é pouco mais que negação; mas não vai tirar você dessa. Não vai poupá-lo da morte.

– Você ainda insiste em me assustar com a morte?

– Você não tem medo da morte?

– É claro. Eu não quero não estar aqui. Aqui é bom. Eu estava ouvindo ópera na noite passada; estava bebendo um uísque aveludado. A meu lado no sofá, estava minha linda mulher; meu filho absurdamente maravilhoso brincava no chão. Aqui, esta terra, este conjunto de amores é ótimo. Todos gostaríamos de viver para sempre, e sentimos uma pontada no coração, uma afronta ao nosso ser ao perceber

253

que, algum dia, este precioso "eu" que chamamos de individualidade não estará aqui. Absorver a morte, realmente absorvê-la causa um suspiro de autocomiseração, o tipo de desolação que sentimos quando adolescentes, mas raramente quando adultos. Não quero morrer. Mas agora vejo que morrer não é uma falha. Então, você não pode mais jogar isso na minha cara assim. Você não pode me apavorar com esta palavra: morte.

— Morte é realidade.

— É uma realidade, e apenas no seguinte sentido: todos morreremos. Porém, muito mais importante é como morreremos. Se pudermos morrer em vida, então...

— "Morrer em vida"?

— Reconhecer que vida e morte são partes de um mesmo processo significa aceitar a mudança, e então confiar em forças maiores para guiar essa mudança, de forma que, em última instância, confiamos nossa vida a algo maior que nós e aceitamos a mudança, mesmo se não for uma mudança positiva.

— Processo? Sua vida não é um queijo.

— Mas medo da morte é medo da mudança, medo do processo.

— Você não tem medo da mudança?

— A vida é mudança: nós chegamos e partimos — e num piscar de olhos do universo. A vida é um rio descendo uma colina — nada permanece igual por muito tempo em um rio que desce uma colina.

— Você parece um professor. Pior, um professor com um verniz de espiritualidade ou coisa assim. Processo, mudança, significado. Francamente...

— Sim. É bastante coisa, e soa meio professoral, admito, mas é a esse conhecimento que chegamos nesta terra: acolha a mudança e você acolherá a vida.

— E a morte?

— Sim — aceitar a partida assim como aceitamos nossa estadia aqui, nossa vivência, nossas alegrias e nossas frustrações. Se conseguirmos ver nossa pequena e limitada existência como uma bênção, uma dádiva do cosmos, se conseguirmos morrer em vida, então conseguiremos realmente viver.

Aceite a mudança como a única constante da vida, e aceitará a um só tempo o processo de morrer e a maravilha de viver.

Epílogo

*A doença amplia as dimensões do ser
de um homem para ele mesmo.*

Charles Lamb

Ao escrever as páginas anteriores, talvez eu tenha passado a impressão de que lidei com o câncer de forma sistemática e bem-sucedida, uma história vitoriosa. Mas não é verdade. Não derrotei o câncer, de forma alguma. Talvez nunca o derrote, por causa do tipo de câncer que tenho e do prognóstico geral para esta variedade – que é de morte após doze a dezoito anos depois do início da doença. Mesmo assim, ao escrever eu estava ciente – e mais ciente ao ler do que ao escrever – que tinha assumido (talvez *afetado*, seja mais adequado) a pose do sabe-tudo que dá conselhos e lições aos incultos. Tentei não deixar que esse tom tomasse conta das minhas reflexões, mas temo que não tenha tido tanto sucesso quanto desejava.

Depois de ser diagnosticado, lidar com o câncer diariamente é uma experiência de altos e baixos. Há

CÂNCER: UMA MONTANHA-RUSSA ASSUSTADORA

dias em que você se sente muito bem; nos outros dias, não. É mais do que uma provação diária recorrente; como comentei em um capítulo, é uma montanha-russa – física, emocional, intelectual. Ela leva você; ela o controla. Ela desgasta – e devasta você. Na maior parte do tempo, você se sente impotente, mesmo que, quando escreve sobre o que aconteceu – e continua acontecendo –, adote o tom de quem está no comando. A escrita em si é parcialmente responsável por esse efeito: escrever é um produto da reflexão e da especulação que vêm da contemplação após o acontecimento, enquanto que a doença é uma questão de reações e sofrimento imediatos. (Tentei fixar um pouco disso nos diálogos inseridos como entreatos entre os capítulos.)

Assim, quero deixar claro que, qualquer que seja a impressão que o meu tom professoral tenha criado, convivo diariamente com essa doença – e luto contra ela e contra minhas reações a ela. Alguns dias, estou para baixo; noutros, para cima. É muito parecido com uma vida normal, apenas mais concentrado e mais exagerado. Tudo parece urgente, intenso. Na maior parte do tempo, sinto-me como se estivesse passando por uma experiência crítica da vida: uma paixão, um luto, uma mudança profissional, o nascimento de um filho etc.: energia sem destino, coração palpitante. Isto é, sujeito a emoções além do meu controle, e sabendo que a porta da cozinha se abre para a alameda da morte.

Ao longo da escrita, também estive ciente de certo grau de fajutagem na minha posição como paciente de câncer. A síndrome carcinoide é um câncer leve. Pode rir. Seus sintomas são coisas amenas, como rubor, febre, diarreia e falta de fôlego. Você não é – pelo menos, não frequentemente – assaltado por dores lancinantes ou náuseas excessivas, nem sujeito a mal-estar violento – vômitos e coisas assim. Pacientes de tumor carcinoide não passam muito tempo com tubos intravenosos; não sofrem flutuações radicais de peso, ou espetaculares quedas de cabelo. Até o fim, não ficam de cama. Não temos tumores gigantescos em nossos corpos que nos tornam deformados. Preciso continuar? Assim, tem algo de errado em uma pessoa que sofre desse câncer em particular se pôr a escrever sobre ter câncer.

Porém, é um câncer terminal: as pessoas que contraem síndrome carcinoide não são curadas. Os tratamentos atuais conseguem contê-lo, mas isso é o melhor que podemos esperar. Não existe um triunfo *à la* Lance Armstrong para pacientes de síndrome carcinoide. Após alguns anos, os tumores em nossos fígados ou pulmões crescem até o ponto em que inutilizam os órgãos saudáveis; as substâncias químicas consomem outros

CÂNCER: UMA MONTANHA-RUSSA ASSUSTADORA

tecidos – muitos morrem de falência do lado direito do coração. Lenta e dolorosamente. Afora tudo isso, foi útil para mim pensar sobre essa doença e, portanto, achei que poderia ser útil para os outros ler sobre esta minha jornada. Ao refletir sobre o que aconteceu comigo e como reagi, acabei me compreendendo melhor. Esta é uma realização que anuncio com felicidade. Também aprendi muitas coisas com os outros; eles também merecem um lugar aqui. *É isso aí*, pessoal. Aos pacientes de síndrome carcinoide e outros cânceres, digo o seguinte: aguente firme; não é tão ruim assim.

POSFÁCIO

Dizendo a palavra
que começa com C

*É tolice arrancar os cabelos de desespero,
como se a dor pudesse ser diminuída pela calvície.*

Cícero

Entre as questões de importância imediata com que se depara um paciente com câncer recém-diagnosticado, há uma que recebe menos atenção do que deveria: revelar ou não que se contraiu a doença; e como contar sobre a enfermidade sem chatear os outros e a si mesmo.

Em um passado não muito distante, câncer era considerado uma sentença de morte. Nos anos 1950 e 1960, as pessoas que tinham câncer geralmente estavam nas fases finais de sua vida: as técnicas de diagnóstico não eram nem de perto tão sofisticadas como hoje, assim como os tratamentos e remédios para combater a doença que estão disponíveis hoje para pacientes de câncer. Ficar sabendo que alguém tinha câncer significava se preparar para seu falecimento iminente. Isso ainda é verdade hoje, às vezes. Muitos cânceres não são facilmente detectáveis até estarem muito desenvolvidos no corpo; outros são de uma variedade virulenta, "galopante": em semanas ou meses depois do diagnóstico, os pacientes sucumbem. Logo, ao longo do tempo, ficamos muito — e com bastante razão — receosos com a palavra "câncer": ela quer dizer o fim da vida de alguém, e da nossa relação com ele. Nós temos certa resistência em relação à dor de ver alguém sofrendo.

Como, então, falar às pessoas, especialmente àquelas que são próximas, que temos câncer?

Minha mãe, que teve seis irmãos que chegaram à idade adulta (sem contar a família do meu pai, seus parentes por casamento, outros sete irmãos adultos), viu muitas mortes por câncer. Sua sogra faleceu de um tipo de câncer de intestino; duas das suas irmãs morreram de leucemia; um dos seus irmãos, de câncer de pulmão. Depois do meu diagnóstico, conversei com minhas irmãs, como contei em um capítulo anterior. Depois de lidarmos com nossos vários sentimentos, nossas ansiedades se concentraram em nossa mãe, que na época tinha setenta e quatro anos e sofria do coração. Ficamos em um dilema quanto a contar para ela; não tínhamos

261

certeza do que fazer. Há um pânico inevitável que nos assalta quando ficamos sabendo que alguém próximo tem câncer; temíamos pela saúde dela. Além disso, não tínhamos certeza de como a doença se desenvolveria, quanto tempo eu teria antes de a minha situação ficar crítica – ou eu morrer. Eu e as minhas irmãs esperamos quatro ou cinco meses, sentindo-nos sempre culpados por não termos revelado minha situação para nossa mãe. Depois, quando o curso da minha doença ficou mais claro para nós, e quando me senti mais seguro quanto ao futuro, eu e minhas irmãs visitamos nossa mãe. Era numa noite de terça-feira, um dia estranho para todos os seus três atarefados filhos aparecerem na sua casa (especialmente sem os netos). Depois de conversarmos por alguns minutos, respirei fundo e fui com tudo. O rosto da minha mãe ficou cinza; seu lábio inferior tremeu.

– Câncer! – disse ela. – Ah, não!

Lágrimas, incapacidade de falar, fortes tremores. Minhas irmãs tinham sabiamente se sentado uma de cada lado dela no sofá; conseguiram abraçá-la e consolá-la. Depois de um tempo, ela conseguiu se controlar. Minha irmã mais velha fez um chá; minha irmã mais nova repassou o prognóstico, dizendo à nossa mãe que a síndrome carcinoide é uma variedade lenta de câncer – embora terminal, o paciente pode viver com ele

CÂNCER: UMA MONTANHA-RUSSA ASSUSTADORA

por uma década ou mais. Contribuí com meus próprios consolos: eu me sentia forte; estava enfrentando a doença; estava sob bons cuidados. Minha mãe reuniu forças e perguntou:

– Vocês me disseram tudo, não estão me escondendo nada?

Não tínhamos dado logo a terrível notícia, e agora ela receava que estivéssemos escondendo dela o pior. Ela estava esperando o golpe final. Nós a acalmamos o máximo que pudemos. Tomamos o chá, e minha mãe enxugou as lágrimas. Estávamos todos abalados. Uma das irmãs de minha mãe tinha lutado bravamente contra a leucemia por cinco anos; ela vivenciara essa história. A sua outra irmã fora diagnosticada com leucemia numa sexta-feira e morreu na segunda-feira seguinte; ela vivenciara essa história também.

Depois de me abraçar e assoar o nariz pela enésima vez, minha mãe me sussurrou:

– Ainda bem que seu pai não está vivo. Ele não conseguiria suportar.

Ela vem aguentando firme desde então: me pergunta sobre as tomografias, recorta artigos dos jornais, compra suplementos nutricionais para mim – cardo mariano, cartilagem de tubarão etc.

Quando contamos para minha sogra, sua reação não foi muito diferente. Ela estava sentada em sua cozinha, quando K lhe disse:

— Wayne está com câncer.

Ela imediatamente ficou de pé, cruzou o aposento e me abraçou.

— Ah, meu Deus, câncer... — suspirou ela — ... o pior!

A mãe dela havia morrido de câncer uns quinze anos antes — após uma luta terrivelmente dolorosa. Um dos seus cunhados vinha sofrendo da doença por uma década. Assim, ficou abalada, e as nossas garantias de que a síndrome carcinoide não acabaria com a minha vida imediatamente não tiveram um efeito instantâneo sobre ela. Ela temia por nós dois — como as mães sempre fazem — e temia por meu filho, A, como as avós sempre fazem.

De vez em quando, ela me olha com o canto do olho, quando acha que não estou notando: será que ele perdeu peso, a cor da sua pele está boa, ele está ficando enfraquecido? Ela diz a K:

— Wayne está ótimo. Ele se cuida.

Assim, na superfície, e depois de sete anos terem passado, ela está aguentando bem. Mas sua mãe morreu de câncer; nos anos depois do meu diagnóstico, seu

CÂNCER: UMA MONTANHA-RUSSA ASSUSTADORA

cunhado também morreu; ela está esperando o golpe final.

Então, o que fazer com esse negócio de contar aos parentes? A resposta simples é: conte a eles. Eles precisam saber; eles têm que internalizar a informação e então começar a fazer o que puderem para ajudar. Mas se prepare, também: saiba que *câncer* ainda assusta as pessoas, até o âmago dos seus seres. Em vez de receber sua imediata compaixão, você pode ter que consolá-las e reconfortá-las. Esteja preparado para essa inversão de papéis também. Seja forte, seja equilibrado, seja direto. Pense – por mais impossível que às vezes possa ser: *é apenas câncer.*

Contar para conhecidos, pessoas que você vê no trabalho, no bar depois do futebol, ou por cima da cerca do quintal, é outra coisa. Depois de algumas experiências, dá para predizer o que vai acontecer: o *meu Deus* sussurrado, o relutante passo para trás, o lábio inferior tremendo ou a voz insegura. Algumas pessoas dão a vívida impressão de que preferiam não ter ouvido a notícia, não ter que arcar com ela. Você aprende a discernir quem pode ficar sabendo. Homens e mulheres agem diferentemente. As mulheres geralmente se mostram mais abertas em aceitar sua dor; os homens costumam ficar mais confusos. Talvez os homens sejam

265

mais assustadiços e menos capazes de lidar com esse tipo de desgaste. De qualquer modo, espalhar a notícia para qualquer um não é uma estratégia sábia. Mas não contar para ninguém também não é: não revelar deixa você sozinho, lutando em silêncio contra a doença e sem o apoio moral e emocional necessário a todos que têm doenças sérias.

No trabalho, o câncer pode parecer, ou melhor, ser percebido como um tipo de falha da vítima. Algumas pessoas, novamente mais homens que mulheres, e provavelmente aqueles em posições de autoridade mais que os outros, julgam uma vítima de uma doença mais ou menos da mesma forma que veem criminosos: como se a vítima, de alguma forma, não tivesse correspondido às expectativas. Culpam a vítima por estar doente. Alguns empregadores podem não querer ter um paciente de câncer na folha de pagamento, pensando que irá desgastar o moral ou trazer um clima indesejado ao escritório: alguns colegas podem ver a pessoa com câncer como um elo fraco da equipe. Assim sendo, com ou sem razão, as pessoas que são diagnosticadas com câncer frequentemente encobrem o fato, mantendo a aflição e a dor que possam sentir como um segredo muito bem guardado. Esse comportamento clandestino faz tão mal, é tão desgastante, imagino, quanto esconder uma parte da vida,

CÂNCER: UMA MONTANHA-RUSSA ASSUSTADORA

longe de amigos e colegas – seja um caso romântico ou um incidente terrível, como um estupro. Todo paciente de uma doença terminal tem que lidar com essa questão por si só. Em minha experiência com câncer, vim a considerar a revelação, tratada judiciosamente, como um fator positivo. Contei a meu filho quando ele ainda não tinha três anos, assegurando-lhe que seu papai estaria com ele ainda por bastante tempo, e garantindo-lhe que ele não tinha nenhuma culpa pela minha condição, já que as crianças às vezes se sentem responsáveis por essas coisas. Ele está lidando com a questão da maneira que pode, conversando com K e comigo, e ocasionalmente com sua mãe. Caso ele apresente sinais de trauma, nós o levaremos a um psicólogo. Enquanto isso, ele vê que estou bem; ele vê que estou lidando com a doença da melhor forma possível. Sem dúvida, ele pagou seu preço, emocionalmente, ao receber o impacto da notícia, mas manter a doença em segredo não teria causado um dano emocional ainda maior, e um distanciamento entre nós? Acho que sim.

Em um contexto maior, mencionei nas páginas anteriores que pratico esportes. Até o diagnóstico, jogava hóquei três vezes por semana, com dois grupos diferentes de aficionados. No início, não contei a meus companheiros de vestiário. Jogava com meu sobrinho, vinte anos mais novo que eu, em um time de competição. Por alguns meses, não falamos a mais ninguém – eu tinha a sensação de que SW tinha um pouco de vergonha da minha condição –, mas um dia tive que explicar a minha ausência em um jogo anterior, e calmamente revelei minha situação aos camaradas que estavam por perto. Seguiu-se o previsível silêncio. O que há para se falar? Porém, nos meses que se seguiram, ninguém agiu como se a revelação fosse um problema. Talvez alguns parceiros de time tenham sentido que eu tinha rompido uma barreira ao tornar público uma questão pessoal. Se sentiram, não percebi sua insatisfação. O que percebi foi o apoio silencioso de quase todos os parceiros, mas um de cada vez, e em momentos particulares – indagações sobre o estado da minha saúde, reservados, mas sinceros, tapinhas no ombro, oferecimentos de ajuda. Faz pouco tempo, quando revelei minha condição a um companheiro de vestiário que tinha perguntado sobre este livro, ele disse:

– Eu lamento, mas não espere que eu vá facilitar para você no rinque por causa disso.

Eu não esperava, e ele sabia disso, é claro. Revelar não significa pedir comiseração, mas simplesmente reconhecer um fato.

Descobri que, se você confia sua vulnerabilidade aos outros, eles ficam do seu lado – e de quebra respeitam você. Vivemos em uma época em que mesmo caras fortes e silenciosos, como companheiros de time em um vestiário, estão abertos para compartilhar qualquer parte da sua vida e são sinceros em seu apoio à sua luta.

Afinal de contas, é um fato conhecido que cerca de metade da população masculina irá contrair alguma forma, algum grau de câncer em sua vida – assim como é amplamente reconhecido que cerca de vinte por cento das mulheres terá algum contato com câncer de mama. Já não há mais quase nada de secreto em relação à doença – muito menos de vergonhoso. Celebridades apoiam projetos para arrecadar fundos para pesquisa e apoio aos pacientes; figuras lendárias, como Tom Watts, discutem publicamente sua recuperação em filmagens. Entrevistas de rádio; livros como este. Em um mundo que toda semana testemunha algum ídolo do esporte chorando abertamente na televisão por causa de alguma escapada ou de chorosas despedidas do esporte, revelar discretamente um diagnóstico dificilmente diminuirá a hombridade ou feminilidade de alguém.

Em resumo, testemunhei a profunda decência dos conhecidos e sua sincera simpatia; assim, sinto-me bem por ter contado às pessoas sobre a minha situação, e incentivo os outros a abordarem o assunto do *câncer* com toda a liberdade de que se sentirem capazes.

* * *

Wayne Tefs faleceu em 15 de setembro de 2014.

Impresso na gráfica da
Pia Sociedade Filhas de São Paulo
Via Raposo Tavares, km 19,145
05577-300 - São Paulo, SP - Brasil - 2016